Burkhard Spinnen

Die letzte Fassade

Burkhard Spinnen

Die letzte Fassade

Wie meine Mutter dement wurde

FREIBURG · BASEL · WIEN

© Verlag Herder GmbH, Freiburg im Breisgau 2016
Alle Rechte vorbehalten
www.herder.de

Satz: Carsten Klein, München
Herstellung: CPI books GmbH, Leck

Printed in Germany

ISBN 978-3-451-34774-0

Inhalt

Liebe Mama	7
Das Warten	13
Der Absturz	35
Das Interregnum	49
Das Heim	69
Die Familie	81
Die Polin	95
Der Umzug	107
Der Abbruch	125
Das Jetzt	135
Schluss	157

Liebe Mama,

ich schreibe ein Buch über dich, besser gesagt, über uns; aber du weißt nichts davon. Ich habe es dir nicht gesagt, und ich hoffe, niemand anders wird das tun. Wärst du noch der Mensch, der du vor fünf Jahren warst, würdest du vielleicht nicht gutheißen, wenn ich aus deinem und meinem Leben berichte. Jetzt aber würdest du es gar nicht mehr verstehen, egal wie und wie oft ich versuchte, es dir zu erklären. Es würde dich vermutlich nur sehr irritieren, und in deinen Grübeleien würde der Umstand immer andere Gestalten annehmen. Keine Erklärung würde helfen, keine Beschwichtigung, so wie eigentlich nie Erklärungen und Beschwichtigungen helfen. Denn in den meisten Fällen vergisst du, manchmal innerhalb von Sekunden, was man dir sagt oder was du selbst gesagt und gedacht hast. Einzig die Irritationen haben Bestand und kehren immer wieder, ebenso die Unruhe und die Angst.

Vor fast vier Jahren habe ich ganz offiziell die Verantwortung für dein Leben übernommen, weil du sie nicht mehr tragen konntest. Ich habe seitdem weitgehend alleine entschieden, wo und wie du lebst, welcher Arzt zu dir kommt, was mit deinem Eigentum geschieht und viele alltägliche Dinge mehr. Ebenso alleine habe ich jetzt entschieden, dass ich ein Buch über unser Leben in den letzten Jahren schreibe. Dass ich es soll und darf.

Das war keine leichte Entscheidung. Denn darf ich das wirklich?

Nun, ich bin Schriftsteller, seit fast dreißig Jahren; und Schriftsteller besitzen das Gewohnheitsrecht, ihr eigenes Leben und die Menschen, die darin vorkommen, als Material für ihre Literatur zu benutzen. Nur zwei Beispiele dafür: Natürlich habe ich an Papa gedacht, als ich in der Titelgeschichte meines ersten Buches »Dicker Mann im Meer« einen korpulenten Schwimmer mit einer Herzattacke kämpfen und diesen Kampf zugleich geheim halten ließ. Und in dem kleinen Band »Lego-Steine« habe ich Episoden aus meiner Kindheit geschildert, vielleicht nicht so, wie sie sich zugetragen haben, doch genau so, wie ich sie in Erinnerung hatte. Auch darin kamen Papa und du bereits vor.

Allerdings ist es das eine, Papas Herzangst in eine literarische Figur hineinzuschreiben oder meine Kindheitserinnerungen zu sammeln; etwas ganz anderes ist es, über die traurigen Umstände und Auswirkungen deiner Demenzerkrankung zu schreiben. Meine literarischen Texte wollten noch vermitteln, was meines Erachtens alle Literatur trägt: nämlich die Überzeugung, dass das Bessere grundsätzlich möglich ist. Literatur mag Katastrophen und Abgründe darstellen; aber sie tut es nur, um zu beweisen, dass die Vorstellung vom Gegenteil, nämlich vom Glück und vom gelingenden Leben, stark und vielleicht sogar mächtig genug ist, um die Dinge zum Guten zu wenden.

Doch wenn ich jetzt über uns und deine Demenzerkrankung schreibe, bleibt mir auch dann die Freiheit zur literarischen Verwandlung? Mag sein, dass ja. Andere haben solche Texte über die Demenz geschrieben. Ich selbst aber bin nicht imstande, mir diese Freiheit zu nehmen. Vielmehr fühle ich mich verpflichtet, möglichst sachlich und unverändert wiederzugeben, was uns zugestoßen ist. Seitdem ich über uns schreibe, ist mir immer, als müsste ich dem Papa, der schon lange nicht mehr bei uns ist, auf diesem Wege berichten, was sich ereignet hat. Und ich weiß, der Papa würde sich einen Text verbitten, der versuchte, so zu gelingen, wie ein literarischer Text das will und womöglich kann. Papa würde auf den Fakten bestehen. Wer weiß, ob er mir auch nur erlaubte, hier und da ein Gefühl unter die Tatsachen zu mischen.

Und selbst wenn ich mir die Freiheit zu einer literarischen Verwandlung unserer gemeinsamen Geschichte nehmen könnte, so gäbe es noch einen Grund, der dagegen spräche. Unsere Geschichte der letzten Jahre ist nämlich wie die meiner Kindheit keine besondere, keine irgendwie herausragende und erst recht keine sensationelle Geschichte. Genau so oder ganz ähnlich wie uns ergeht es heute vielen alten Menschen und ihren Kindern. Ich glaube sogar, dass unsere Demenzgeschichte, verglichen mit manch anderer, zu den eher leisen und unauffälligen gehört. Wir haben es in all dem Elend nämlich gar nicht so schlecht getroffen. Es sind keine schweren Unfälle passiert, du bist finanziell versorgt und wirst mittlerweile sehr gut betreut. Es könnte alles schlimmer sein, sehr viel schlimmer sogar. Nein, es gibt nichts Außergewöhnliches, nichts Einzigartiges zu berichten. Unsere Geschichte taugt nicht zum Stoff für Romane.

Schließlich muss gesagt werden, dass die Demenz längst kein vernachlässigtes oder verschwiegenes Thema mehr ist. Ich habe in den letzten Jahren, zumal seit wir selbst betroffen sind, vieles darüber gelesen, gesehen und gehört. Da gibt es zunächst die wissenschaftlichen Artikel und Sendungen, die Ratgeber und Flyer, die sich mit der Krankheit im Allgemeinen befassen und sachdienliche Informationen für die Betroffenen und ihre Angehörigen bereithalten. Und daneben gibt es die Versuche in Literatur und Film, das Phänomen Demenz an fiktiven Einzelfällen darzustellen und damit fassbar zu machen.

Beides, Information und Fiktion, hat seinen Sinn und seine Berechtigung. Noch immer, und noch auf lange Zeit, bedarf es der Aufklärung in der Sache; zudem ist die Demenz in einer immer älter werdenden Gesellschaft ein relevantes Thema für Schriftsteller oder Drehbuchautoren. Vor fünfzig Jahren prägten und belasteten die Zeitgeschichte und die Jugendkultur das Verhältnis zwischen den Generationen, heute tut das unter anderem die Altersdemenz.

Mich hat allerdings vieles, was ich gelesen und gesehen habe, unzufrieden oder sogar verzweifelt zurückgelassen. Das ist nicht als Vorwurf gemeint! Zumal die Informationen über die Krankheit und den Umgang mit ihr höchst nützlich waren. Aber niemand konnte mir erklären, wie ich mit dem Gefühl des permanenten Scheiterns leben sollte, einem Gefühl, das mich beherrscht, seit ich mich um dich kümmere. Aufklärung ist hilfreich, aber ist sie auch tröstlich?

Die besagten Romane und Filme hatten dagegen fast alle die Absicht, Trost zu spenden. Meistens taten sie das, indem sie eine Art modernes Märchen erzählten, in dem der Demenzkranke als weiser oder skurriler Narr auftritt, den die Menschen in seiner Umgebung allmählich zu verstehen und zu tolerieren lernen. Dabei waren die meisten dieser Filme und Texte allerdings sehr darauf konzentriert, »brillante Komödien« oder »ergreifende Trauerspiele« zu sein; und das machte, dass sie, ohne es zu wollen, unserem täglichen Leben geradezu spotteten. Denn das Leben meiner Mutter und meines sind weder Komödie noch Trauerspiel, sondern eine Mischung aus Katastrophe und Normalität.

Was also, liebe Mama, bleibt mir zu tun, zu schreiben? Ich will, zunächst einmal für mich, durch das Erzählen ein wenig Ordnung in unsere streckenweise ganz chaotische Geschichte bringen. Ich vertraue auf das Erzählen, es ist die gerechteste und weiseste Ordnungsmacht von allen. Und es vermag zu trösten. Ich werde von dir und deiner furchtbaren Krankheit berichten, so gut ich euch beide bislang verstehe, dazu von meiner alltäglichen Überforderung und von unserem immer noch andauernden, unspektakulären Scheitern, aus dem es wohl keinen Ausweg geben wird. Die Märchen, Komödien und Trauerspiele bleiben außen vor.

Ich werde dabei allerdings auch keinen Ratgeber verfassen, in dem steht, was man wann und wie tun soll, wenn Mutter oder Vater dement werden. Ich habe zwar in den letzten Jahren Erfahrungen gemacht, aber ich bin nicht derart klug und souverän geworden, dass ich sie in Lehrstoff verwandeln und so an andere weitergeben könnte. Ich will nur versuchen, möglichst alles beim richtigen Namen zu nennen. Nach meiner Erfahrung wächst immer weiter ins Ungeheure und ins Schwarze, was man klein und schön zu reden versucht. Und gerade die Demenz mit allen ihren Folgen beim richtigen Namen zu nennen, scheint mir äußerst wichtig. Diese Krankheit ist heute, was früher die Pest war, eine Geißel der Menschheit, gegen die es bislang keine Medikamente und Therapien gibt. Jahr für Jahr arbeitet sie sich weiter vorwärts in unsere alternde Gesellschaft, droht sie immer mehr Menschen und ihren Angehörigen. Da kann es einstweilen wenigstens helfen, die richtigen Worte dafür zu finden. Die Wahrheit, so die Dichterin Ingeborg Bachmann, ist dem Menschen zumutbar. Und das Aussprechen der Wahrheit, so meine Überzeugung, wirkt lindernd.

Deshalb, liebe Mama, dieses Buch.

Dein Sohn Burkhard

Das Warten

Wenn mein Vater sich nicht gut fühlte, bekam er große Angst um seine Gesundheit, ging aber nicht gleich zum Arzt. Wenn er dann endlich ging, berichtete er zwar von seinen Symptomen, spielte sie aber herunter. Sein Hausarzt, den er seit Jahrzehnten auch privat kannte, ließ sich auf dieses gefährliche Verdrängungsspiel in der Regel ein; bislang war mein Vater ja nie ernstlich krank gewesen. Seit seiner Militärzeit im Zweiten Weltkrieg hatte er nur eine Woche im Krankenhaus verbracht, für einen Routineeingriff. Meistens lautete der Rat des Arztes, mein Vater solle sich keine Sorgen machen. Man werde eben älter, das sei alles. Damit hatte er auch lange Recht.

Im Alter von dreiundsiebzig Jahren geriet mein Vater an eine Praxisvertretung, die hinter seinen bagatellisierten Symptomen etwas Ernstes vermutete. Wenige Tage später erhielt er die Diagnose eines tödlichen Nierenkarzinoms. Der Arzt, mit dem ich kurz darauf sprach, erläuterte mir die Statistik: Nach einem Befund wie dem meines Vaters belaufe sich die Lebenserwartung des Betroffenen auf sechs Monate bis maximal zweieinhalb Jahre. Der Krebs habe bereits gestreut; die Chance, ihn vollständig zu vernichten, sei praktisch gleich Null.

Mein Vater wurde operiert, eine Niere wurde entfernt. Die folgende Behandlung mit Medikamenten schlug nach

Aussage der Ärzte so gut an, wie man überhaupt hoffen durfte. Daher lebte mein Vater noch beinahe die vollen zweieinhalb Jahre – wenngleich mit all den scheußlichen Nebenwirkungen der Medikamente und mit einer Todesangst, die ihn wohl keine Minute mehr verließ. Er erholte sich körperlich, um dann wenige Monate vor seinem Tod rapide zu verfallen. Psychisch blieb er während fast der ganzen Zeit er selbst, wenngleich etwas leiser und langsamer. Einige wenige Male sprach er mit mir über seinen Zustand; auch von der Angst und der Todeserfahrung während seiner Jahre im Krieg war jetzt die Rede. Ich hatte das Gefühl, dass er, der höchst sachliche und zupackende Mann der Wirtschaftswunderjahre, am Ende seines Lebens manchmal in die Gefühlswelt seiner von Politik und Krieg verdorbenen Jugend zurückkehrte. Meistens allerdings behandelte er seine Erkrankung wie einen Betriebsunfall, der ihm vor allem peinlich war und den es, wenn irgend möglich, zu überspielen galt, auch wenn das viel Kraft kostete. Erst kurz vor Schluss ließen ihn die Schmerzmittel verstummen und verdämmern.

An einem heißen Tag mit dem albernen Datum des 9. September 1999 wurde mein Vater begraben. Meine Mutter, sechsundsiebzig Jahre alt, war jetzt Witwe, so wie er es ihr immer prophezeit hatte und so wie ihre Mutter und ihre Großmütter es auch gewesen waren. Doch niemand hätte sie, da sie nun, nach über fünfzig Jahren, ohne ihren Ehemann war, für vereinsamt oder gar gebrochen halten können. Das war auch überhaupt nicht der Fall. Sie hatte viel Erfahrung damit, allein zu sein und Dinge nur für sich zu tun. Wahrscheinlich lag eine Neigung dazu schon in ihrem Charakter begründet. Ich glaube, ich kann das beurteilen; vermutlich habe ich diesen Wesenszug von ihr geerbt.

Nach ihrem Volksschulabschluss hatte meine Mutter, die wie mein Vater aus einfachen, ja ärmlichen Verhältnissen stammt, eine Hilfstätigkeit in der Textilindustrie erlernt, die in einen Beruf als Arbeiterin mündete. Niemand in ihrer Familie und in ihrem Umfeld war willens und imstande gewesen, sie irgendwie zu fördern; dazu fehlte auch schlicht das Geld. Außerdem war ihr als Frau sowieso nichts anderes beschieden, als Hausfrau und Mutter zu werden.

Meine Mutter war ein hübsches Mädchen von sechzehn Jahren, als der Krieg ausbrach. Rasch wurde sie eine attraktive junge Frau. Mit neunzehn hatte sie einen deutlich älteren Freund, der schon im Berufsleben stand. Im Krieg war er Feldwebel. Er hätte meine Mutter geheiratet und versorgt; eine Verlobung soll er nur abgelehnt haben, weil er fürchtete, den Krieg nicht zu überleben. Tatsächlich verliert sich die Spur des Mannes, der nach dem Willen meiner Mutter der Vater ihrer Kinder hätte werden sollen, in den Wirren eines Rückzugs an der Ostfront.

Bei Kriegsende war meine Mutter zweiundzwanzig. Mit Hilfe von Freundinnen, die das Handwerk beherrschten, hatte sie sich das Schneidern beigebracht. Der Zweck war anfangs der, Kleider zu besitzen, die zu teuer waren, als dass man sie hätte kaufen können. Doch in der Ehe mit meinem Vater, den sie kurz nach Kriegsende kennengelernt hatte, wurde ihre Schneiderei allmählich eine Art diskreter Beruf. Meine Mutter gab die höchst ungeliebte Arbeit in der Fabrik auf und nähte stattdessen für Verwandte, Bekannte und Nachbarn, von den einfachsten bis zu den anspruchsvollsten Kleidungsstücken. Der Bedarf war gewaltig.

Ich erinnere mich gut, ja, es ist eine der stärksten Erinnerungen an meine frühe Kindheit um 1960: Wir sind in der kleinen, ofengeheizten Küche unserer Wohnung unter dem Dach. Die Nähmaschine steht rechts von mir in einer Ecke vor dem Fenster, der Küchentisch ist mit einer dicken Decke zum Schneidertisch umfunktioniert. An der Tür hängt ein großer Spiegel, und davor steht eine Frau, die ein Kostüm anprobiert. Meine Mutter steckt gerade noch ein paar Änderungen mit Nadeln ab. Ich beobachte das Ganze, kniend auf der roten Couch hinter dem Tisch. Die Frau vor dem Spiegel hat Tränen in den Augen. Mir ist das peinlich, aber ich weiß, sie weint vor Glück. Meine Mutter hat ihr dieses Kostüm geschneidert, in dem ihre vom neuen Wohlstand ramponierte Figur wieder weibliche Konturen zeigt. Auf der anstehenden Hochzeit, Erstkommunion oder Geburtstagsfeier wird sie sich fühlen wie ein Filmstar. Und das sagt sie auch, mehrmals, mit genau diesen Worten.

Mit solchen Arbeiten verdiente meine Mutter jahrelang das gesamte Haushaltsgeld, später floss der Ertrag in ihre eigene Garderobe. Sich schick anzuziehen war eine ihrer drei großen Leidenschaften. Verständlicherweise blieb ihr Modegeschmack irgendwo in den frühen siebziger Jahren hängen, aber ich behaupte: Mit achtzig war sie geschmackvoller und weiblicher gekleidet als neunzig Prozent ihrer Altersgenossinnen.

Bei ihren Näharbeiten, für die sie später einen eigens ausgebauten Kellerraum besaß, war meine Mutter also alleine gewesen, abgesehen von mir in meinen Kinderjahren und den Besuchen ihrer Kundinnen. Und auch ihre zweite Leidenschaft hatte sie im Wesentlichen alleine praktiziert. Wieder ohne Anleitung, hatte sie sich mit etwa fünfzig das Modellieren in Ton beigebracht. Meistens kopierte sie traditionelle Figuren und Ensembles, vor allem für Weihnachtskrippen. Auch diese Figuren fanden zahlende Abnehmer, so dass meine Mutter ihr Hobby vor meinem Vater und vor sich selbst noch einmal als Nebenerwerb legitimieren konnte. Ihr Meisterstück war eine fast lebensgroße Madonnenfigur, die Platz in einer neu gebauten Kapelle fand. Um das Teil brennen zu können, nutzte meine Mutter den professionellen Brennofen meines ehemaligen Kunstlehrers, der unter uns Schülern als Freak gegolten hatte. Ihn mit meiner Mutter fachsimpeln zu sehen, war ein äußerst merkwürdiges Erlebnis.

Als mein Vater starb, hatte meine Mutter die Schneiderei und das Modellieren zwar weitgehend aufgegeben, nicht aber ihre selbstgenügsame und häusliche Lebensweise. Sie war gesund und fit; und wenn sie durch die Krankheit und den Tod meines Vaters, der es gern gesellig gehabt hatte, den Anschluss an Freunde und Bekannte teilweise verlor, so litt sie nicht sehr darunter. Die Hauptsache war, dass ihr das Wichtigste blieb, ihre dritte und größte Leidenschaft: das Haus.

Wenn sich damals, 1999, jemand Sorgen um ihr zukünftiges Leben machte, dann war das ich. Irgendwann, dachte ich damals, wird sie das viel zu große Haus verlassen müssen, weil sie es nicht mehr alleine versorgen kann. Sollte sie es da nicht lieber bald tun, um sich rasch in den neuen Lebensraum einzugewöhnen und möglichst lange davon zu profitieren? Sie könnte zum Beispiel in die Innenstadt ziehen, in die Nähe der Modeläden, die sie immer so interessiert hatten. Und vielleicht sogar gleich in eine Einrichtung, wo man ihr, wenn das einmal nötig wäre, viele Arbeiten abnehmen könnte. Oder wie wäre es mit einem Umzug in meine Stadt, um ihrem einzigen Kind, ihrer Schwiegertochter und ihren beiden Enkeln näher zu sein? Unsere Söhne waren damals neun und sechs, ein perfektes Alter für rührige Großmütter.

Tatsächlich aber habe ich nicht ein einziges Mal mit meiner Mutter über einen möglichen Umzug gesprochen.

Ich habe es nicht gewagt. Schon der Vorschlag wäre näm-
lich ein Affront, wenn nicht gar ein Sakrileg gewesen. Ihr
Haus war nämlich nicht nur ein Haus, ein angenehmer
Platz zum Leben. Für meine Mutter war es vielmehr das
Symbol ihres sozialen Aufstiegs und der Repräsentant ihres
Selbstwertes.

Als Kind hatte sie in einem Haus gelebt, das kaum diesen Namen verdiente, schon der Umzug ihrer Eltern in das
notdürftig ausgebaute Dachgeschoss eines ziemlich schä-
bigen Altbaus war damals eine große Verbesserung. Ich
habe diese Wohnung meiner Großeltern noch kennengelernt; die Küche ein lichtloser Verschlag, die Toilette teilte
man sich mit anderen Mietern, ein Bad gab es nicht. Nach
ihrer Heirat 1949 wohnten meine Eltern zur Untermiete
in zwei Zimmern, erst mit meiner Geburt 1956 zogen sie
in eine Wohnung mit Küche, Bad und drei Räumen, allerdings wiederum unter einem schrägen Dach. Der Flur
besaß keine verschließbare Tür zum Treppenhaus, was bei
einer sehr neugierigen und chronisch unterbeschäftigten
Vermieterin zu einem dramatischen Verlust an Privatsphäre führte. Selbst ich habe damals diese Wohnung als irgendwie komisch und ungeschützt empfunden, verglichen
mit denen meiner Mitschüler in der Nachbarschaft. Meine
Eltern müssen sehr darunter gelitten haben. Dass ich keine
Geschwister bekam, wurde später mit dieser etwas skurrilen Wohnsituation erklärt.

Und bei solch bescheidenen Verhältnissen hätte es
durchaus bleiben können. Mein Vater war mit einund-
zwanzig Jahren aus dem Krieg zurückgekehrt. Er besaß
zwar einen Schlossergesellenbrief; doch einige mittelschwe-
re Verwundungen waren nicht richtig auskuriert und hätten leicht zu einer dauerhaften Invalidität führen können.
Tatsächlich galt mein Vater zeit seines Lebens offiziell als

kriegsbeschädigt. Noch bis in die sechziger Jahre arbeiteten sich immer wieder Granatsplitter durch seine Haut, und wenn wir morgens nebeneinander an den beiden Waschbecken im Badezimmer standen, musste ich mir Mühe geben, nicht auf seine zerrissenen und deformierten Füße zu sehen. Im Mai 1945 hatte meinem Vater gedroht, einer der kriegsversehrten Soldaten zu werden, die nicht mehr in die Zivilgesellschaft zurückfinden, geschweige dort Karriere machen.

Aber das Glück, das ihn lebend aus dem Krieg geführt hatte, blieb meinem Vater fünfzig Jahre lang treu. Mehr noch, der Krieg selbst entschädigte ihn für die Jugend, die er ihm genommen hatte. In einer normalen Gesellschaft hätte mein Vater es mit seiner Schlosserausbildung bestenfalls zum Werkmeister bringen können; das heißt, er hätte sein Leben für einen mittleren Stundenlohn zwischen Maschinen zugebracht. Aber die Nachkriegsgesellschaft war nicht normal. Es fehlte ihr die mittlere Generation gut ausgebildeter Männer in Führungspositionen. Die waren auf den Schlachtfeldern gestorben, was dazu führte, dass man wie kaum jemals zuvor aus bescheidenen Anfängen heraus eine geradezu sagenhafte Karriere machen konnte. Mein Vater, dessen Schlosserlehre seinen Fähigkeiten überhaupt nicht entsprochen hatte, absolvierte noch pro forma einen Meisterkurs, doch nur, damit seine Beförderungen in der Firma nicht allzu normbrechend erschienen. Schon Mitte der fünfziger Jahre ging er im Anzug mit weißem Hemd und Krawatte in ein Büro; er war Angestellter geworden und leitete schließlich in einer Maschinenfabrik mit viertausend Mitarbeitern eine zentrale Abteilung.

Ich habe dort ein paar Mal in den Schulferien gejobbt. Kinder sollten das tun, weil sie ihre Eltern sonst niemals wirklich kennenlernen. Mein Vater war ständig unterwegs oder er telefonierte. Er wurde dauernd etwas gefragt, und offenbar wusste er über alles Bescheid. Da seine Abteilung unter anderem für die Fertigungsplanung zuständig war, übersah er praktisch die ganze Firma. In einer militärischen Einheit wäre er der Kompaniefeldwebel gewesen, auf einem Schiff der Steuermann. Irgendwann hörte ich ihn sagen, seine Magenbeschwerden seien eine Managerkrankheit. Das Wort Manager war damals ganz neu im Sprachgebrauch, es galt als besonderer Ehrentitel, für den man Magenprobleme in Kauf nahm. Als er mit dreiundsechzig, erschöpft von vierzig Jahren Berufsleben, in Pension ging, teilte man seine Stelle und vergab die beiden Posten an Akademiker.

Natürlich hatte sich diese Karriere im Gehalt meines Vaters niedergeschlagen. Deshalb wagte er, obwohl in privaten Angelegenheiten eher übervorsichtig, Mitte der sechziger Jahre das Projekt des Hausbaus. Die treibende Kraft dabei war allerdings meine Mutter. Ich sehe sie heute noch, wie sie die Einrichtung plante, indem sie kleine Papptäfelchen, die Grundrisse unserer Möbel, auf dem Bauplan des Hauses arrangierte. Fast täglich und bei jedem Wetter besuchten wir die Baustelle, und sie war es, die dort immer noch etwas auszumessen oder zu erwägen hatte.

Nach einem äußerst aufregenden Jahr der Bauzeit zogen wir ein. Ich selbst wurde mit dem neuen Haus nie so recht warm, es war in unsere kleine Familie gekommen wie ein Nachzüglerkind, ein Nesthäkchen, das plötzlich alle Aufmerksamkeit forderte. Natürlich freute ich mich über den zusätzlichen Platz für mich und meine Basteleien. Um das Haus als Ausdruck unseres sozialen Aufstiegs richtig begreifen oder gar feiern zu können, war ich freilich viel zu jung. Es ist bezeichnend, dass ich mir einen Platz zum Lesen ausgerechnet in einer Abseite auf dem Speicher einrichtete. Der Zugang war derart eng, dass nur jemand hineinkommen konnte, der so klein und schmal war wie ich.

Meinem Vater war ein gewisser Stolz auf sein Eigentum anzumerken, doch vor allem war er froh, die Anstrengung von Planung und Umzug hinter sich zu haben. Wenn er vor anderen das Haus lobte, dann eher indirekt, indem er erzählte, dass er jetzt unserer neugierigen Vermieterin entkommen war und sich endlich ungeniert benehmen konnte.

Meine Mutter hingegen verschmolz von Anfang an mit dem neuen Haus. Sie nahm nahezu jeden Quadratzentimeter unter ihre Observanz, sie besiedelte und kultivierte nach und nach die Kellerräume, die Terrasse und den Garten; stets arbeitete sie an einer diskreten Liste mit anstehenden Umbauten oder Renovierungen, die sie nach und nach durchsetzte, oft gegen den Willen meines Vaters. Das Haus, das sie aus eigenem Antrieb eigentlich nur für Einkäufe verließ, wurde ihr zweites, dingliches Selbst, gleichzeitig Schutzraum und Dekor.

Wie hätte ich also meiner Mutter nach dem Tod meines Vaters vorschlagen können, dieses Haus für etwas »Praktischeres« zu verlassen? Genauso gut hätte ich einem Priester vorschlagen können, zur Messe etwas »Praktischeres« als den Talar anzulegen. Meine Bekannten, mit denen ich damals gelegentlich über meine Befürchtungen sprach, bestätigten mich dann auch darin, dass es am besten sei, gar nichts zu unternehmen. Jedes Jahr in der gewohnten Umgebung, sagten sie alle, sei für die alten Leute ein gutes Jahr, jeder Monat, jede Woche, jeder Tag. Ich stimmte gerne zu. Wer schätzt nicht Ratschläge, deren Quintessenz es ist, dass man gar nichts tun muss.

So wurde meine Mutter achtzig, sie wurde fünfundachtzig, und irgendwann war unbemerkt der Zeitpunkt überschritten, bis zu dem man überhaupt noch sinnvoll über etwas »Praktischeres« hätte nachdenken können. Jetzt würde nur noch eine schwere Erkrankung meine Mutter aus ihrem Haus und um ihr Haus bringen. Doch das hieß zugleich: Nun war erst recht zu hoffen, dass ihr ein Auszug möglichst lange erspart bleiben würde, denn die nächste Station wäre ein Alters- oder Pflegeheim.

Womöglich habe ich aus diesem Grunde, eher unterbewusst, die Anzeichen für eine Verschlechterung ihres Zustandes übersehen. Und wegzuschauen war ja auch nicht schwer, viel leichter etwa, als damals den Blick von den Füßen meines Vaters zu wenden. Denn ich sah meine Mutter nun wirklich nicht oft! Eine Fahrt von uns zu ihr und zurück führte zweimal über die zu beinahe jeder Tageszeit verstopften Straßen des Ruhrgebiets; für einen Besuch war mindestens ein ganzer Tag einzukalkulieren.

Überdies und wichtiger noch: Reger Austausch und häufiges Zusammensein waren in den letzten fünfunddreißig Jahren durchaus nicht das Fundament unserer Mutter-Sohn-Beziehung gewesen. Seit ich mein Elternhaus verlassen hatte, telefonierten wir regelmäßig, informierten einander knapp über wichtige Ereignisse (oder was wir dafür hielten) und besuchten uns zu den üblichen Familienfesten. Die Geburt unserer beiden Söhne 1990 und 1993 hatte zu einer Intensivierung des Kontaktes geführt, Krankheit und Tod meines Vaters hatten ihn wieder reduziert.

Und niemand von uns litt darunter. Ich glaube, ich kann das für uns beide behaupten. Ich bin, was die Beziehung zu meinen Eltern angeht, ein typisches Kind der fünfziger Jahre. Das heißt, meine 1923 geborenen Eltern brachten in ihr Nachkriegsleben und damit in meine Kindheit eine Gefühlskultur mit, die noch stark von der ökonomischen Unsicherheit und dem politischen Wahnsinn der Nazizeit sowie von den Todesängsten des Krieges geprägt war. Ein

Kind zu haben war für sie eher eine gesellschaftliche Aufgabe, eine Art Verpflichtung, der man mit Sorgfalt und Strenge nachkam. Keineswegs betrachteten sie, wie man es heute zumindest propagiert, ihr Kind als einen Menschen, der ihr eigenes Leben bereicherte, mit dem man sich austauschen und von dem man am Ende womöglich sogar lernen könnte. Ein Kind war für sie vielmehr Teil jener mühsam wieder errungenen Sicherheit und Selbstverständlichkeit, die sich vor allem in einer festen Anstellung, im eigenen Haus und einem gewissen materiellen Wohlstand realisierten.

Dass ich keine Geschwister habe, liegt meiner Ansicht nach weniger an unserer damaligen Wohnsituation als vielmehr daran, dass meine Eltern mit mir die »Aufgabe Familie« als erfüllt betrachteten. Dazu kam, dass sie aus ihren eigenen Kindheitserfahrungen heraus Kinderreichtum eher als ein Armutsrisiko betrachteten. Viele dachten wie sie. Im Bekanntenkreis meiner Eltern gab es keine Familie mit mehr als zwei Kindern, dafür einige kinderlose Paare.

Ja, ich weiß, das klingt, als würde ich jetzt dazu anheben, lang und breit von meiner schlimmen, gefühlskalten Kindheit zu berichten. Doch das werde ich nicht. Denn meine Kindheit war nicht so schlimm. Das heißt: Ich habe mich zwar durchweg als Außenseiter empfunden, wofür es neben meinen orangeroten Haaren noch weitere gute Gründe gab. Und ich habe unter diesem Außenseitertum auch sehr gelitten. Doch mit meinen Eltern haderte ich kaum. Meine Eltern machten, und das meine ich ganz positiv: einen guten Job. Sie waren streng und konsequent, nur selten ungerecht, dafür absolut zuverlässig und oft genug sehr viel großzügiger, als ich es erwartet hätte.

Gut, etwas fehlt immer; zumal in der eigenen Kindheit, wenn man sie aus der Perspektive des Erwachsenen betrachtet. Bei manchen meiner Altersgenossen scheint es geradezu in ein Hobby auszuarten, eine Kollektion früher Beschädigungen anzulegen. Doch wenn mir etwas gefehlt hat, dann bin ich an diesem Mangel damals nicht verzweifelt. Außerdem entwickelte ich, wahrscheinlich unbewusst meinem Temperament folgend, eigene Strategien zur Kompensation.

So verdrückte ich mich lange vor meinem faktischen Auszug aus dem geistigen Haushalt meiner Eltern. Ich hatte ganz andere Interessen und pflegte sie ausdauernd und still. Meinen Eltern vertraute ich vieles gar nicht erst an. Ich mied Diskussionen, weil ich immer befürchtete, dass wir zu verschieden waren, um die Unterschiede zwischen uns überwinden zu können. Selbst in den so wilden Jahren nach 1968 wurde bei uns wenig über Musik oder Politik oder Drogen gesprochen. Ich trug zwar die zeitgemäß langen Haare, die mein Vater nur sehr schwer ertrug, doch ich versuchte sie gewissermaßen unpolitisch zu tragen oder, wenn möglich, wegzuschweigen.

Bei meiner Strategie half mir sehr, dass ich bis auf eine kurze Krise zu Beginn der Gymnasialzeit ein guter Schüler war. Tatsächlich machten mich meine schulischen Leistungen zu Hause nahezu unangreifbar. Dank lauter Zweien und Einsen fehlte meinen Eltern der Grund, meine Lebensweise in Frage zu stellen. Wäre ich ein mittelmäßiger oder gar ein schlechter Schüler gewesen, hätte manches vielleicht ganz anders ausgesehen. So mussten wir kaum einmal testen, wie belastbar unser Verhältnis war.

Womöglich habe ich meine splendid isolation bereits mit zehn, elf Jahren so entschieden oder stur betrieben, dass sie meine Eltern ebenso kränkte wie mich ihr autoritäres Verhalten und was ich als Desinteresse an meinen Angelegenheiten empfand. Schon mit vierzehn fuhr ich nicht mehr mit ihnen in den Urlaub. Am Wochenende ging ich aus, wenn sie zu Bett gegangen waren; wenn irgend möglich, drückte ich mich um gemeinsame Mahlzeiten oder Besuche. In meinen letzten Jahren im Elternhaus nannte mich mein Vater gelegentlich etwas säuerlich den Untermieter, aber da war es schon lange zu spät, um noch irgendeine Gemeinsamkeit erfinden und zelebrieren zu können. Wir lebten zusammen wie WG-Bewohner, die sich mit den Eigenheiten ihrer Zimmernachbarn abgefunden haben und geschickt dafür sorgen, dass die Kontakte auf ein Mindestmaß beschränkt bleiben.

Dass mein faktischer Auszug zusammenfiel mit dem Antritt eines höchst unfreiwilligen Wehrdienstes, soll meinen Vater melancholisch gestimmt, ja sogar mitgenommen haben. Auch er hatte seine Militärzeit mit achtzehn Jahren begonnen, und sie kostete ihn beinahe das Leben. Ich selbst habe von seiner Gemütsbewegung erst sehr viel später erfahren. Er hatte mich davon nichts spüren lassen; und ich hätte sie wahrscheinlich gar nicht wahrnehmen können. Mein Desinteresse am Leben meiner Eltern war vermutlich noch viel größer als ihr Unverständnis des meinen. So schieden wir an jenem 1. Juli 1975 voneinander, ohne viele Worte, aber jeder von uns dessen gewiss, dass mit der gemeinsamen Adresse unsere letzte Verbindung verloren war.

Fünfunddreißig Jahre später hatte sich zwischen mir und meiner Mutter so gut wie nichts geändert. Mein Studium, meine Zeit an der Universität, meine Heirat, die Kinder und schließlich mein etwas seltsamer Beruf, sie waren von ihr als Zusätze, als mehr oder minder bedeutsame Erweiterungen des Bekannten und Gewohnten registriert worden, nichts davon aber als existentielle Veränderung oder gar als Bruch. Besuchten wir meine Mutter, dann redeten wir, wie wir immer geredet hatten. Das heißt, ich berichtete ein wenig aus meinem Leben, also vielleicht von meinem nächsten Buch oder von der letzten Lesereise. Doch ich tat es nur kurz, um ihr Interesse nicht zu überfordern und ihr nicht das Gefühl des Ausgeschlossenseins und der Inkompetenz zu geben. Dann erzählte sie, und viel ausführlicher, was sie in Haus und Garten unternommen hatte. Wenn sie, mit der Zeit immer seltener, weil sie sich vor der Fahrt fürchtete, bei uns zu Besuch war, fasste meine Mutter unser Leben nach Maßgabe ihres eigenen auf; folglich sprachen wir kaum über Kinder oder Beruf, sondern über unser Haus und unseren Garten.

Ich hätte gegen diese Wiederholung des Immergleichen oft protestieren mögen, habe es manchmal auch getan. Aber meistens ließ ich die Dinge laufen wie gewohnt. Schließlich war ich selbst schon seit langem ein Mitbetreiber unseres Konversationsapparates, dessen einzige Aufgabe die Vermeidung offener Dissonanzen war. Ich selbst hatte mich vor vielen Jahren auf diesen existentiellen Interessensschnitt eingelassen, hatte ihn betrieben, und schließlich hatte auch ich von einem Familiensprechen profitiert, das alles Wichtig aussparte, damit es nicht beschädigt wurde. Jetzt vererbte ich dieses Verfahren bereits an meine Söhne; von mir lernten sie, ohne es zu bemerken, sich auf meine Mutter nicht wirklich einzulassen.

Besonders bei den Telefonaten war die Kommunikation zwischen meiner Mutter und mir zu einem weitgehend entleerten Ritual erstarrt. Ich vermied alles Wesentliche, um meine Mutter nicht unversehens zu beunruhigen. Stattdessen hörte ich ihren Haus- und Gartenberichten zu, und nur ein Rest von Anstand und Respekt ließ mich den Hörer am Ohr behalten und gelegentlich Nachfragen stellen.

Dabei waren die Haus- und Gartengeschichten praktisch immer dieselben. Meine Mutter war jetzt siebenundachtzig Jahre alt. Um sich und ihr Haus herum hatte sie mittlerweile eine kleine Armee von Hilfskräften aufgestellt. Eine Nachbarin half bei den Einkäufen, eine andere beim Waschen, Putzen und Aufräumen. Jemand machte die gröberen Gartenarbeiten, mittags kam sieben Tage in der Woche ein Essen-auf-Rädern-Dienst, der Apotheker brachte die Medizin, der Arzt machte Hausbesuche. Das System funktionierte, Haus und Garten waren im allerbesten Zustand; und genau das versicherte mir meine Mutter immer wieder in ihren ausführlichen Berichten.

Ein anderer Sohn als ich, aufmerksamer und einfühlsamer, ein solcher Sohn hätte jetzt und womöglich schon viel früher begriffen, dass die Konzentration meiner Mutter auf die Schilderungen des immergleichen Alltags ein Symptom war. Ein Anzeichen dafür, dass all das, was sie mir gegenüber als kontrolliert und beherrscht darstellte, in Wahrheit ihrer Kontrolle und Beherrschung entglitt. Tatsächlich muss es ihr spätestens seit dem Jahr 2010 schwer gefallen sein, die Termine ihrer Hilfskräfte zu koordinieren oder sich an Absprachen zu erinnern; und sicher hatte sie schon große Probleme im Umgang mit Geld. Denn zu diesem Zeitpunkt hatte meine Mutter bereits ein ganzes Stück auf ihrem Weg in die Demenz zurückgelegt.

Damals wusste ich über Demenz so gut wie nichts. Mittlerweile weiß ich, dass die allermeisten Menschen auf die ersten Anzeichen eines Nachlassens ihrer geistigen Fähigkeiten so reagieren, wie meine Mutter es tat: mit Abwehr und Verdrängung.

Und das ist ja auch vollkommen verständlich. Wer zum zweiten Mal an einem Tag nach seinem Schlüssel sucht, tut das entweder still vor sich hin fluchend, oder er unterstellt einem Mitbewohner, den Schlüssel verräumt zu haben. Keinesfalls wird er gleich eine Demenz bei sich konstatieren und um ärztlichen Beistand bitten. Tatsächlich aber beginnt eine Demenz so, wie selbst die längste Reise beginnt, nämlich mit kleinen, unspektakulären Schritten. Das heißt, mit Symptomen, die eher peinlich als beunruhigend sind.

Doch was tut man, wenn mit einer »normalen« Vergesslichkeit nicht mehr zu erklären ist, was geschieht? Wenn Dinge verschwinden und man nicht einmal weiß, ob sie überhaupt existiert haben. Wenn einfache Rechnungen jedes Mal ein anderes Ergebnis bringen, bis die Zahlen ihre Bedeutung ganz verlieren. Wenn man eine Telefonnummer nicht mehr auf Anhieb fehlerfrei ins Gerät tippen kann. Wenn man einen mehrfach bestätigten Termin doch wieder vergisst. Wird man dann den Umschlag von der »normalen« Vergesslichkeit in die Krankheit irgendwann souverän konstatieren, seinen Verwandten mitteilen und um familiäre wie um ärztliche Hilfe bitten?

Vielleicht gibt es Menschen, die das tun. Aber die Regel ist es sicher nicht. Die allermeisten werden wohl tun, was meine Mutter damals tat. Womöglich bemerkte sie den Umschlag nicht einmal. Vielleicht war sie viel zu sehr darauf konzentriert, die Irritationen und Überforderungen in ihrem Alltag zu überspielen, zu vertuschen oder wegzureden. Ich vermute heute, dass ihr Leben damals schon im Wesentlichen bestimmt wurde von dem Kampf gegen die eigenen Schwächen und insbesondere von der Anstrengung, diese Schwächen vor aller Welt und besonders vor ihren Angehörigen zu verbergen. Womöglich kosteten sie die Mühen der Verdrängung schon mehr Kraft als das Leben selbst.

Die Demenz, wie ich sie kennengelernt habe, ist ein Folterknecht. Bevor sie mit der eigentlichen Tortur beginnt, fesselt sie ihr Opfer, damit es sich nicht wehren kann. Wenn ein geistig einigermaßen fitter Mensch auf der Straße von einem Rad angefahren wird, hinfällt und beim Versuch aufzustehen bemerkt, dass etwas Schlimmes mit seinem rechten Knöchel passiert ist, dann kann er sinnvoll reagieren und wird das in der Regel auch tun. Er kann anhand der Schmerzen das Ausmaß des Schadens taxieren und Passanten um Hilfe bitten. Heutzutage kann er sogar völlig autark agieren und mit seinem Mobiltelefon den Notarzt rufen. Den Passanten und dem Arzt wird er möglichst genau schildern, was er empfindet und inwiefern er sich gehandicapt fühlt. Womöglich ruft er noch aus dem Krankenwagen einen Lebenspartner an, sagt einen geschäftlichen Termin ab und setzt seinen Anwalt auf die Forderung nach Schmerzensgeld an.

Anders der Mensch, den die Demenz anfährt. Er wird keine auch nur halbwegs »ehrbare« Verletzung an einem Teil seines Körpers feststellen, sondern eine durch und durch peinliche, erniedrigende Einschränkung seiner zentralen Fähigkeiten. Ein Knöchel ist ein Knöchel, und wenn er einmal bricht, wird man ihn hoffentlich wieder richten. Ein Gehirn aber ist nichts Mechanisches, nichts Separierbares, nichts, das man im Griff hat und worüber man gegebenenfalls sogar mit dem behandelnden Arzt fachsimpeln könnte. Das Gehirn ist man vielmehr selbst. Und wenn daher das Gehirn eine Beschädigung zu haben scheint, dann wird dieser Schaden als Schaden des Selbst empfunden, als Reduktion oder gar als Zerstörung der ganzen Person.

Von seinem Knöchel kann man sich, wenn er nicht richtig heilen will, notfalls sogar distanzieren. Man geht dann an Krücken oder man humpelt, aber da humpelt nur der Apparat, das Vehikel. Dr. House aus der gleichnamigen Fernsehserie geht am Stock; aber er tut sein Möglichstes, sich nicht mit seinem Gebrechen zu identifizieren, auch wenn es ihn noch so sehr behindert und prägt. Hinkt aber das eigene Gehirn der Welt und der Wirklichkeit hinterher, dann tut man das als ganzer Mensch zusammen mit seinem Wesen, seinem Charakter, seinem Selbstbild und seiner Geschichte. Und die Folge ist, dass man Gefahr läuft, schon von Anfang an der Krankheit gegenüber so hilflos und wehrlos zu sein wie ein kleines Kind.

Denke ich heute an die Zeit vom Frühjahr 2010 bis zum Herbst 2011, dann schüttelt mich das Ausmaß meiner damaligen Ignoranz. Obwohl ich seit Jahren immer wieder davon geredet hatte, dass mit einem scharfen Schnitt im Leben meiner Mutter täglich zu rechnen sei, war ich in Wahrheit unfähig zu begreifen, was tatsächlich vor sich ging. Einen Schlaganfall, eine Tumorerkrankung hätte ich natürlich als den besagten Schnitt erkannt. Und wie damals im Falle meines Vaters hätte ich es als trauriges, wenngleich unausweichliches Faktum hingenommen. Mit achtundachtzig Jahren sollte eine tödliche Erkrankung keine Überraschung sein. Was dann geschehen wäre, hätte ich mir leicht vorstellen können: ein Krankenhausaufenthalt, eine Reha-Maßnahme, die Übersiedlung in ein Pflegeheim. Doch meine Mutter hatte keinen Krebs und es traf sie nicht der Schlag, sie glitt vielmehr langsam in die Demenz und damit fatalerweise in einen Zustand, der sich weit außerhalb meiner Vorstellungen und Erfahrungen befand.

Ob ich die Zeichen vielleicht nicht wahrnahm, weil ich sie nicht wahrnehmen wollte? Ich weiß es nicht. Niemand schaut in alle Kammern seines eigenen Bewusstseins. Jedenfalls mokierte ich mich damals nur ausführlich über das, was ich den Altersautismus meiner Mutter nannte, also über ihre manische Selbstbezogenheit und ihr immer weiter steigendes Desinteresse an den Mitgliedern ihrer ach so kleinen Familie. Anders wusste ich damals, blind und taub wie ich war, nicht einzuschätzen, was ich doch hätte sehen und verstehen können.

So präsentierte mir meine Mutter bei einem meiner Besuche stolz den neuen Kühlschrank, den sie vor Wochen in der Küche hatte aufstellen lassen. Ich stellte sofort fest, dass das Gerät nicht eingeschaltet war. Einige Lebensmittel darin waren bereits angeschimmelt. Meine Mutter wollte ihr offenkundiges Versehen allerdings nicht zugeben, stattdessen suchte sie mir leidenschaftlich zu beweisen, dass die Männer vom Kundendienst daran die Schuld trugen. Ich selbst aber wusste nichts anderes zu tun, als mich über ihren Starrsinn zu ärgern und den Kühlschrank einzuschalten. Ein anderes Mal wollte ich ihr mein neues Auto zeigen. Wir traten in den Vorgarten, da begann sie, mir eine jüngst veranlasste gärtnerische Maßnahme zu erklären. Als sie damit fertig war, drehte sie sich um und ging zurück ins Haus. Mir fiel nichts anderes ein, als beleidigt zu sein.

Selbst als sie sich mehrmals nachts vom Notarzt ins Krankenhaus bringen ließ, um dort fast postwendend und ohne Befund wieder entlassen zu werden, begriff ich nicht, was tatsächlich geschah und dass ich hätte eingreifen müssen. Dabei war die Demenz meiner Mutter zu diesem Zeitpunkt wohl schon so weit fortgeschritten, dass die vielen notdürftig kaschierten Pannen des Alltags und die vielen Unfähigkeiten sie immer wieder in Angst und Schrecken versetzten. Besonders nachts, wenn keine Hilfe in der Nähe schien, führten sie zu Panikattacken, die meine Mutter selbst als Herzklopfen oder Atemnot beschrieb.

Natürlich redeten wir über ihre Aufenthalte im Krankenhaus. Die Anlässe klangen ja ziemlich bedrohlich. Aber ich ließ mich, wie bislang immer, einlullen. Die Sa-

Die letzte Fassade

nitäter und Ärzte, deren Aufgabe es nicht war, nachts im Krankenwagen oder in der Notaufnahme eine Demenz zu diagnostizieren, hatten meine Mutter mit allerhand beruhigenden Erklärungen für ihre Zustände versorgt. Die gab sie an mich weiter, und ich schluckte sie wie Tranquilizer. Eine davon lautete zum Beispiel, es habe sich um eine »Entgleisung des Blutdrucks« gehandelt. Ich vermute, das Mechanische an dieser Formulierung hatte meine Mutter besonders beruhigt. Was entgleist ist, setzt man einfach zurück auf die Schiene, und dann läuft es wieder. Auch ich gab mich damit zufrieden.

Wie genau meine Mutter diese Zeit bis zum 15. Oktober 2011 zugebracht hat? Zu meiner Schande muss ich sagen: Ich weiß es nicht. Ihre Hilfskräfte haben wohl immer weitere Arbeiten übernommen, und sicher trösteten und beaufsichtigten ihre Nachbarn sie bei ihren nächtlichen Panikattacken viel häufiger, als sie später auf meine direkte Nachfrage angaben. Längst hatte wohl begonnen, was ich das »Fassadenleben« meiner Mutter nenne. Ich habe dabei das Bild ausgebombter Straßen nach dem Ende des Krieges vor Augen. Von den hohen, stuckverzierten Häusern stehen noch die Vorderfronten, im Parterre sind notdürftig Wohnräume oder Geschäfte untergebracht; doch darüber sind die Decken und Wände hinter den Fassaden eingestürzt. Schaut man nun schräg an deren Fronten entlang, fällt einem vielleicht gar nichts auf, doch wenn man im richtigen Winkel zur Fassade steht, sieht man den Himmel hinter den leeren Fenstern.

So stelle ich mir das damalige Leben meiner Mutter vor. Viel von ihrer Kraft muss in das Projekt geflossen sein, die Fassade ihrer Existenz aufrechtzuerhalten. Und da meine Mutter eine willensstarke Frau ist und immer schon viel Wert auf ihre Erscheinung legte, hatte sie einigen Erfolg zu verzeichnen. Es gelang ihr erstaunlich gut, ihre Probleme vor anderen zu verschleiern, selbst vor ihrem Hausarzt. Sie berichtete ihm zwar von ihren Unruhezuständen, doch sie muss das so getan haben, dass der Mann keine Veranlassung sah, sich gründlich mit ihrem mentalen Zustand zu befassen. Stattdessen verschrieb er ihr ein starkes Psychopharmakon, das sie bei Notfällen nehmen sollte. Ob sie in der Lage war, alleine und verantwortlich mit diesem Medikament umzugehen, überprüfte er nicht.

Eine Zeitlang muss dieses Medikament dann geholfen haben, die schlimmsten Auswirkungen der täglichen Verwirrung zu lindern. Obwohl meine Mutter nicht genau sagen konnte, ob und wie es wirkte, gab es ihr eine gewisse Sicherheit. Sie nannte es ihre Notfalltablette; und vielleicht beruhigte sie schon deren Vorhandensein. Am 15. Oktober 2011 aber nahm sie wahrscheinlich aus Versehen mehr als die erlaubte Höchstdosis, wurde am Fuß der Treppe zum ersten Stock ohnmächtig und sank zu Boden. Sie verletzte sich dabei nur ganz geringfügig, doch sie vermochte nicht mehr aufzustehen oder jemanden um Hilfe rufen, dabei stand das Telefon nur einen Meter entfernt. Zum Glück fanden sie aufmerksame Nachbarn. Die riefen den Arzt, meine Mutter wurde wieder einmal ins Krankenhaus gebracht; und ich erhielt einen Anruf, der mein Leben veränderte.

Der Absturz

Die Fahrt dauerte mehr als zwei Stunden, und so kam ich gerade dazu, wie ein junger Arzt in der Notaufnahme meine Mutter nach Hause schicken wollte. Sie habe keine Verletzungen davongetragen, sagte er, und ihre Vitalwerte seien unauffällig. Im Krankenhaus könne man nichts weiter für sie tun. Ich hätte also Danke sagen, meine Mutter ins Auto setzen und nach Hause fahren können. Doch das tat ich nicht. Denn ich war jetzt höchst beunruhigt – und ganz anders als bisher. Es mochte ja sein, dass die besagten »Vitalwerte« meiner Mutter in Ordnung waren, aber mental war sie in einem schrecklichen Zustand.

Der Sturz im Flur war offenbar ein Absturz gewesen, besser: *der* Absturz. Sie wusste nicht mehr, warum sie dort gewesen war, was sie gerade gewollt hatte; sie wusste nicht, warum und wie sie gefallen war, was dann geschehen war und wer sie gefunden hatte. Ganz verzweifelt saß sie auf einem Behandlungsstuhl, rang nach Worten und versuchte immer neue Varianten einer Erklärung für ihr Versagen. Anders gesagt: Sie war gestürzt, und mit ihr die Fassade. Für eine geraume Zeit war sie nicht mehr Herr ihrer selbst gewesen, und das war öffentlich geworden, es ließ sich nicht mehr vertuschen oder wegreden.

Ich bat den Arzt, meine Mutter stationär einzuweisen und gründlich untersuchen zu lassen, dabei stellte ich mich noch einmal ausdrücklich mit meinem ansonsten wenig benutzten Doktortitel vor. Ob ich ein Kollege sei?, fragte der junge Arzt, der nichts falsch machen wollte. Ich überwand mich, legte ihm jovial eine Hand auf die Schulter und sagte, irgendwie seien wir doch alle Kollegen. Eine weitere Nachfrage verkniff er sich und unterschrieb ein Einweisungspapier. Meine Mutter blieb dann ein paar Tage zur Beobachtung auf der kardiologischen Station. Ich wartete unterdessen zu Hause auf einen Anruf. Die Ärzte würden sich jetzt bei mir melden, dachte ich, und mir klipp und klar sagen, wie es um den Geist meiner Mutter bestellt war. Man würde mir raten, was zu tun war, mich an einen Facharzt vermitteln und so weiter. Der Anruf kam; und nichts vom Erwarteten traf ein. Meine Mutter war entlassen worden, wieder einmal ohne Befund.

Ich müsste jetzt in den Unterlagen nachsehen: Wie oft ist sie in den folgenden Wochen im Krankenhaus gewesen? War es vier oder fünf Mal? Zweimal waren die Aufenthalte so kurz, dass ich überhaupt nicht intervenieren konnte, da wurde sie gleich am Morgen nach dem nächtlichen Notarzt-Ruf wieder entlassen. Die anderen Male versuchte ich telefonisch oder nach einer hektischen Fahrt vor Ort, den behandelnden Ärzten den Zustand meiner Mutter, wie ich ihn in den letzten Wochen erlebt hatte, zu beschreiben und sie um entsprechende Untersuchungen zu bitten. Mittlerweile war ich ja fest davon überzeugt, dass meine Mutter an Demenz litt. Aber ich musste lernen, dass Demenz sich nicht wie eine Infektion durch einen raschen Test diagnostizieren lässt und – dass ein Krankenhaus für eine Demenzdiagnose nicht unbedingt der geeignete Ort ist.

Zuerst allerdings lehrten mich meine Auftritte bei den behandelnden Ärzten dies: Wer herumläuft und behauptet, seine Mutter sei dement, gibt eine höchst unerfreuliche

Figur ab. Im Alltagsleben gebietet der Respekt, alle anderen Menschen ernst zu nehmen, solange das eben noch möglich ist. Der Wille und die Ansichten eines Menschen sind Realisationen seines Grundrechts auf Selbstbestimmung. Jemanden »nicht für voll zu nehmen«, seine psychischen Kompetenzen vor anderen anzuzweifeln, ist eine schlimme Herabwürdigung. Selbst kleinen Kindern gegenüber, so die moderne Pädagogik, soll man nicht überheblich sein, auch wenn ihr Reden und Verhalten noch so abwegig sind.

Um noch einiges übler als herablassende Eltern wirkt ein Sohn, der offenbar Unterstützung dafür sucht, seine Mutter zu entmündigen. Diese Figur ist bekannt und verrufen. In Gerhart Hauptmanns Theaterstück »Vor Sonnenuntergang« gibt es eine entsprechende Szene, in der die Kinder eines Unternehmers den alten Patron aus der Firma drängen wollen, indem sie an seinem Verstand zweifeln. Von diesem Motiv zehrt auch ein Gutteil der modernen Wirtschaftskrimis. Missgunst, Rachelust und Erbschleicherei werden bei einem solchen Verhalten rasch assoziiert. Nein, die Aufgabe eines guten Sohnes ist es, sich für das Selbstbestimmungsrecht seiner alten Eltern stark zu machen, und nicht die, an ihren geistigen Fähigkeiten öffentlich zu zweifeln.

Ich war also schon in einer denkbar schlechten Position, als ich eine weitere Lektion lernte: Wie schwierig ist es, einen Oberarzt im Krankenhaus ans Telefon und überdies seine fachliche Aufmerksamkeit zu bekommen? Antwort: Es ist sehr schwierig. Und wenn ich ihn endlich am Telefon hatte, sprach ich mit einem Kardiologen, weil meine Mutter stets mit Herzangst ins Krankenhaus eingeliefert und auf die entsprechende Station gebracht worden war. Kardiologen aber beschäftigen sich so wenig mit Demenz, wie Schreiner sich mit sanitären Anlagen beschäftigen. Das

ist in einer arbeitsteilig organisierten Welt normal und un-
umgänglich, aber in unserem Falle (und wahrscheinlich in
vielen anderen) ist es falsch und für die Betroffenen eine
Quälerei. Bekam ich überhaupt eine Diagnose, dann nur
die, dass es meiner Mutter, gemessen an ihrem hohen Alter,
sehr gut gehe. Die Vitalwerte seien prima, sagte ein freundlicher Kardiologe um die Vierzig. Er wünsche sich, dass es
ihm in diesem Alter so gehe wie meiner Mutter. Dass wir
telefonierten, rettete ihn vor einer Ohrfeige und mich vor
einer Anzeige wegen Körperverletzung.

Überhaupt: das Telefonieren! Minutenlang, Vier-
telstunden, halbe Stunden lang hing ich in diesen
»Hold-the-line«-Schleifen, ließ mir immer neue heitere
Beruhigungsmelodien ins Ohr blasen, um schließlich von
einer gelangweilt-genervten Stimme zu hören, dass Dr.
Soundso jetzt doch in den OP oder zur Visite gemusst
habe. Ich war nie ein Freund des Telefonierens, damals
habe ich es hassen gelernt.

Bei einem der Krankenhausaufenthalte meiner Mutter gelang es mir schließlich, auf einen Hinweis der Stati-
onsschwester die zuständige Frau vom sozialen Dienst des
Hauses zu erreichen und sie um einen Besuch bei meiner
Mutter zu bitten. Tags darauf meldete sich die freundliche
Frau zurück. Sie habe meine Mutter besucht; die mache auf
sie einen ganz hervorragenden Eindruck: kontrolliert, orga-
nisiert, sehr gut artikulierend. Kurz darauf rief mich meine
Mutter an. Triumphierend teilte sie mir mit, dass der Chef-
arzt sie gerade persönlich entlassen habe. Es gehe ihr glän-
zend, habe er gesagt. Altersheim oder dergleichen? Nein,
das komme für sie nicht in Frage! Ich kam mir vor wie ein
Zwölfjähriger, der im Mathematikunterricht vorn an der
Tafel mit einem peinlichen Lösungsvorschlag dramatisch
scheitert und daraufhin Ziel des allgemeinen Spottes wird.

Überhaupt lautete für mich in diesen Wochen die tägliche Losung: Hilflosigkeit und Überforderung. Seit dem Nachmittag des 15. Oktober, als meine Mutter zusammengebrochen war, hatte ich das permanente Gefühl, mit einer unlösbaren Aufgabe konfrontiert zu sein. Ich war damals knapp fünfundfünfzig Jahre alt. Ich hatte zwar kein besonders abenteuerliches Leben gelebt, aber ich war immerhin Ehemann, Vater und Schriftsteller geworden. Herausforderungen waren mir bekannt, Erfahrungen hatte ich gemacht. Jetzt aber fühlte ich mich wie ausgesetzt in einem unbekannten, wilden Terrain, ganz allein, ohne Kenntnisse und ohne Werkzeug. Was nur konnte oder sollte ich jetzt tun, da ich glaubte, die Verantwortung für meine Mutter übernehmen zu müssen, weil sie mir verwirrt und gefährdet erschien? Ich wusste es nicht, niemand schien mir helfen zu wollen; und diese Hilflosigkeit machte wieder den kleinen Jungen aus mir, den ich schon so lange abgelegt und überwunden glaubte.

Wie viele Menschen, so träume auch ich gelegentlich, dass eine Prüfung ansteht, auf die ich überhaupt nicht vorbereitet bin. Jemand teilt mir zum Beispiel mit, mein Abitur sei durch einen Formfehler ungültig und müsse wiederholt werden; dabei kenne ich nicht einmal den Prüfungsstoff und besitze keine Lehrbücher. Wache ich aus einem solchen Traum auf, dann empfinde ich eine große Erleichterung. Jetzt aber fühlte ich mich, als würde ein solcher Traum zur Realität: Ich war verantwortlich, doch vollkommen überfordert, allein auf mich gestellt, zudem hatte ich das Gefühl, überall in der Schuld zu stehen.

Jeder Schritt, den ich jetzt tat, war einer, von dem ich glaubte, den Weg dazu neu erfinden zu müssen. So rief ich die Frau vom sozialen Dienst im Krankenhaus noch einmal an und bat sie, meine Mutter erneut zu besuchen.

Dazu bestehe keine Veranlassung, sagte sie. Darauf kniete ich mich mitten in meinem Arbeitszimmer auf den Boden und sagte der Frau, sie möge mir bitte glauben, dass ich jetzt vor ihr auf den Knien liege, damit sie meine Bitte erhöre. Vielleicht war sie so ein Verhalten nicht gewohnt und infolgedessen überrumpelt; jedenfalls tat sie, worum ich sie bat. Nach dem zweiten Besuch bei meiner Mutter rief sie mich an. Meine Mutter hatte sie nicht wiedererkannt und ihren »Alles-ist-in-Ordnung«-Monolog vom Vortag mit den gleichen Worten wiederholt. Sie werde, sagte die Frau vom sozialen Dienst, eine psychiatrische Untersuchung veranlassen, das liege in ihrer Kompetenz. Ich dankte ihr. Und durfte dabei gleich erfahren, was ich noch häufiger erfahren sollte, dass nämlich in der jetzigen Lage nur die schlechten Nachrichten gute Nachrichten waren: Je mehr Außenstehende den Zustand meiner Mutter als ebenso bedenklich einschätzten, wie ich es tat, desto eher würde ich Hilfe bekommen. Auch das war keine schöne Erfahrung.

Bei den nun folgenden neurologischen und psychiatrischen Untersuchungen meiner Mutter war ich nicht immer dabei; doch was ich sah und erlebte, hat mein Vertrauen in diese Tests nicht unbedingt bestärkt. In der Regel wurde ein Katalog von Standardfragen abgearbeitet. Es ging um persönliche Daten wie das Lebensalter oder den Geburtstag, den aktuellen Wochentag, das Datum und ähnliches. Es gab Fragen nach dem Familienstand, nach dem Tagesablauf und vielleicht noch nach besonderen persönlichen Problemen.

Gut, wenn jemand nicht mehr weiß, wie alt er ist, welchen Tag und welches Jahr wir haben und wie seine Kinder heißen, dürfte das ein eindeutiges Anzeichen für eine fortgeschrittene Demenz sein. Aber wie, habe ich mich bei diesen Untersuchungen gefragt, ermisst man mit einem solchen Abfragen von Oberflächendaten die Fähigkeit eines Menschen, seinen eigenen Alltag noch selbstständig zu organisieren? Und vor allem: Schaut man mit solchen Fragen tatsächlich hinter die Fassade, die ein Demenzkranker aufbaut, um seine Schwächen zu tarnen und seine Würde zu wahren?

Die Telefongespräche mit meiner Mutter wurden derweil immer länger und anstrengender. Allmählich glaubte ich dabei zu begreifen, wo der Kern und die Ursache ihrer Schwierigkeiten und Nöte lagen, nämlich im Nachlassen ihres Kurzzeitgedächtnisses. Nun ist das Kurzzeitgedächtnis eine Funktion, über die wir so gut wie keine Kontrolle haben, die aber unser normales Leben erst ermöglicht. Hier läuft beim gesunden Menschen ein automatischer Speicherungsprozess, der stets die letzten Stunden und das Wichtigste der letzten Tage griffbereit hält wie ein Fotoalbum oder einen Aktenordner, aus denen man erfährt, was man wissen will. Kann ein gesunder Mensch sich nun vorstellen, wie das ist, wenn dieser Prozess gestört ist oder gar vollkommen ausfällt?

Ich habe es versucht, das heißt, ich versuche es seitdem täglich, bei jedem Kontakt mit meiner Mutter. Ich denke, ohne Kurzzeitgedächtnis befindet man sich in einem schieren Jetzt – und zugleich in vollkommener Unsicherheit, auch wenn man alle seine persönlichen Basisdaten weiterhin kennt. Gut, man weiß noch, wie man heißt, welchen Beruf man gelernt, dass man geheiratet, Kinder bekommen und verschiedene Reisen unternommen hat, vielleicht auch, dass heute Donnerstag ist und Mai. Aber warum zum Teufel trägt man diesen Mantel, warum hat man diese Tasche aus dem Keller geholt, wohin hat man die Geldbörse gelegt, und wer hat eben angerufen? Auf dem Foto an der Wand erkennt man einen Verstorbenen, auf einem anderen den eigenen Sohn und seine Familie. Aber warum kocht das Wasser auf dem Herd, warum sind die Rollläden herabgelassen, und was sollen die drei Pakete Butter auf dem Fernseher? Alles, was man tut, wird schon kurz darauf zum unlösbaren Rätsel. Ohne Kurzzeitgedächtnis muss das Leben die Hölle sein.

Ich hatte übrigens nicht nur Zweifel an der Aussagekraft der Tests, die mit meiner Mutter gemacht wurden; es kam mir auch vor, als würden sie, um es diplomatisch zu formulieren, nicht unbedingt mit einer besonderen diagnostischen Leidenschaft durchgeführt. Ja, und warum auch? Meine Mutter stand im neunundachtzigsten Lebensjahr; also war die Wahrscheinlichkeit, dement zu sein oder demnächst zu werden, sowieso recht hoch. Ab einem Alter von neunzig Jahren ist etwa ein Drittel aller Menschen mehr oder minder betroffen. Das heißt, diese Tests bestätigten schlussendlich nur, was sowieso anzunehmen und ja auch bereits aufgefallen war. Bricht sich jemand das Bein, so röntgt man es, um den genauen Verlauf des Bruches erkennen und ihn richtig behandeln zu können. Bei der Demenz aber sind die Symptome mit der Krankheit identisch.

Außerdem hat das Ergebnis eines solchen Demenztests nur geringe Konsequenzen für die weitere ärztliche Behandlung. Bei einem Tumor, einem Beckenbruch oder einem Herzklappenfehler wäre meine Mutter zum Gegenstand der Intensivmedizin geworden. Man hätte große Apparate in Bewegung gesetzt, technische und menschliche, um ihren Zustand zu verbessern und ihr Leben zu erhalten. Aber eine Demenzdiagnose löst keine großen Aktionen aus. Medikamente gegen die Demenz gibt es bis heute nicht, auf eine Heilung ist vorerst nicht zu hoffen. Allenfalls gibt die Diagnose dem Betroffenen und insbesondere seinen Angehörigen eine medizinische Bestätigung ihrer Wahrnehmungen und Vermutungen. Freilich würde man auch ohne sie tun, was jetzt zu tun ist.

Einen der besagten Tests bei einem Psychiater werde ich nie vergessen. Ich durfte, um die Ergebnisse nicht zu verzerren, nicht dabei sein. Der Test dauerte nicht lange, und danach wurde ich zusammen mit meiner Mutter vom Arzt in sein Sprechzimmer gebeten. Was der Mann meiner Mutter zu sagen hatte, war klar: dass ihre mentalen Kräfte altersbedingt nachgelassen hatten und dass niemand ihr sagen konnte, wie genau und vor allem wie schnell dieser Prozess fortschreiten würde. Es ist sicher nicht leicht, einem Menschen diese Diagnose zu vermitteln. Doch genau das musste der Mann täglich tun, das war sein Beruf.

Dennoch lieferte er eine Vorstellung ab, nach der ich ihm am liebsten seine Berufsberechtigung aberkannt hätte, so wie man einem volltrunkenen Autofahrer den Führerschein abnimmt. Zunächst einmal sprach er den Begriff Demenz nicht aus. Das leuchtete mir noch ein, vielleicht wollte er seine Patientin nicht unnötig schockieren. Onkologen sprechen auch gerne von einer Raumforderung, wenn sie dem Betroffenen eine Krebsgeschwulst auf einem Röntgenbild zeigen. Allerdings hatte der Psychiater auch keinen anderen Namen parat und keine Be- oder Umschreibung. Stattdessen legte er einen Brieföffner vor meine Mutter auf den Schreibtisch und in einiger Entfernung davon ein Lineal. Hier, damit zeigte er auf den Brieföffner, stehe sie jetzt, und dorthin, zum Lineal, gehe ihre Reise. Wie sie dorthin komme und wie lange das dauere, das könne er ihr aber leider nicht sagen.

Meine Mutter hatte sich für diesen Besuch in der Stadt, in einer ihr bekannten Straße, doch bei einem ihr bislang unbekannten Arzt einer ihr unbekannten Fachrichtung, besonders gut zurechtgemacht, und sie hatte ihr bestes Benehmen gezeigt. Hatte sie also auch diesen Facharzt getäuscht, so wie sie bereits ihren Hausarzt und die Kardiologen im Krankenhaus getäuscht hatte, als sie ihnen die geschönte Fassade ihrer Existenz präsentierte? Glaubte dieser Mann jetzt tatsächlich, meiner Mutter in verbrämter Sprache und mit dezenten Symbolen ihre Lage und ihre Zukunft beschreiben zu können?

Ich sah, dass meine Mutter nichts von dem verstand, was er sagte. Ich bezweifle überhaupt, dass demenzkranke Menschen durch subtile und dezente Konversation zu erreichen sind. Meine Mutter hatte überdies, sehr zu meinem Leidwesen, schon immer Probleme mit Ironie gehabt, zumindest mit meiner. Jedenfalls konnte man ihr nichts durch die Blume sagen und erst recht nichts durch Brieföffner und Lineal. Mehrmals bat ich den Psychiater, deutlicher und einfacher zu sagen, worum es ging. Er tat es nicht. Überhaupt zeigte er ungefähr so viel Empathie wie seine Schreibtischutensilien. Ich hielt schließlich meinen Mund und strich ihn aus der Liste derer, die meiner Mutter und mir helfen konnten. Vielleicht ließ ja irgendein Tarif, den ihm die Krankenkasse diktierte, eine wirkliche Hilfe nicht zu, weil sie nicht bezahlt werden würde.

Auf der Heimfahrt schwieg meine Mutter lange. Schließlich sagte sie, dass sie nun doch gerne wüsste, was bei diesem Test eigentlich herausgekommen sei. Oder sei das alles vielleicht der reine Blödsinn? Ich sagte, mir komme das so vor. Da waren wir uns wenigstens einmal einig.

Immerhin war ein Resultat dieser Tests, dass meiner Mutter ein ambulanter Dienst verschrieben werden konnte, der zweimal täglich ins Haus kam und die Dosierung und Einnahme ihrer Medikamente kontrollierte. Nach einem Gespräch mit der Frau vom sozialen Dienst hatte ich von dieser Möglichkeit erfahren. Sie zu nutzen erschien mir äußerst sinnvoll. Erst seit kurzem wusste ich nämlich, dass meine Mutter bei der Zusammenstellung ihrer täglichen Medikamentendosis die Hilfe eines Nachbarn in Anspruch nahm. Der tat ihr zwar gerne den Gefallen, fühlte sich aber offenbar nicht wohl dabei. Wahrscheinlich hatte er die durchaus berechtigte Sorge, einen folgenschweren Fehler zu machen. Wer es im Netz recherchiert, wie ich es getan hatte, wird erfahren, dass eine der größten gesundheitlichen Bedrohungen für alte Menschen die falsche Einnahme oder das Vergessen ihrer Medikamente ist. Das Problem kannte ich selbst: Seit über dreißig Jahren muss ich täglich vor dem Frühstück ein Schilddrüsenhormon einnehmen, und ich glaube, mehr als eine Woche am Stück habe ich es nie geschafft, die Tablette pünktlich zu schlucken.

Doch der ambulante Dienst sollte wie beinahe alles, was jetzt an Neuem in das Leben meiner Mutter kam, die Dinge teils ein wenig besser, teils aber wesentlich schlimmer machen. Die korrekte Medikamenteneinnahme war nun zwar gesichert, die Gefahr eines Missbrauchs von Psychopharmaka war gebannt. Dafür erschienen jetzt zweimal am Tag Menschen an der Haustür und richteten eine Forderung an meine Mutter; und das wurde zu einer großen Belastung für sie. Nie hat sie ganz verstanden, wer diese Leute eigentlich waren und was sie taten; das heißt: Sie vergaß es jedes Mal, nachdem ich oder jemand anders es ihr erklärt hatten. Das Klingeln an der Haustür war und blieb ein furchtbarer Schock, die Anwesenheit häufig wechselnder Personen, deren eiliges, geschäftsmäßiges Auftreten eine schlimme Irritation. Als wir dem Dienst einen Hausschlüssel gaben, damit er nicht klingeln musste, wurde es nicht besser. Jetzt standen in den bislang so hermetisch abgeschlossenen Räumen meiner Mutter plötzlich Leute und waren wieder verschwunden, bevor sie sich hatte erkundigen können, worum es eigentlich ging.

Besonders folgenreich war, dass meine Mutter immer wieder annahm, es handelte sich beim Personal des ambulanten Dienstes um Ärztinnen oder Krankenschwestern. Nach schlechten Nächten mit Panikattacken versuchte sie, von ihren Zuständen zu erzählen, bat um Diagnosen oder Medikamente. Bekam sie dann die einzig richtige Antwort: damit müsse sie sich an ihren Arzt wenden, empfand sie das als beleidigende Abfuhr und rief mich an, um sich bitterlich zu beschweren. Was immer ich ihr dann erklärte, es war vergeblich, schon weil es nicht in ihrem Gedächtnis haftete. Zurück blieb bei ihr nur die Empfindung, dass niemand sie anhören wollte und alle sie zurückwiesen.

Mit der Chefin des Pflegedienstes telefonierte ich immer wieder, um die auftretenden Probleme zu besprechen und, wenn möglich, zu lösen. Doch das war so gut wie sinnlos. Einrichtungen dieser Art sind mehr oder minder technische Dienstleitungsunternehmen, die nach genau definierten Tarifen genau definierte Leistungen abliefern. Sie bringen Tabletten und überwachen die Einnahme, sie waschen, ziehen an und aus und kontrollieren die »Vitalwerte«. Für das, was Demenzkranke am meisten brauchen: Hinwendung, Orientierung in Alltagsdingen und vor allem Trost, haben sie keine Zeit und kein Budget.

Wohlgemerkt: Ich beklage mich darüber nicht. Ich verstehe das ökonomische Konzept der ambulanten Dienste. Von den Krankenkassen erhalten sie lediglich kleine Beträge für rasche, exakt definierte Handgriffe; und von denen muss eine Pflegekraft am Tag sehr viele leisten, um den eigenen Lebensunterhalt verdienen zu können. Niemand hingegen, außer Millionären vielleicht, kann eine ausgebildete Therapeutin oder eine Krankenschwester dafür bezahlen, jeden Tag Stunde um Stunde mit einem dementen Menschen zu verbringen und ihm über jede neue Schwelle zu helfen: um ihm zu sagen, dass es Mittagszeit ist, wohin man die schmutzigen Teller am besten stellt, wie man das Radio einschaltet und dass man im Winter nicht sofort ins Bett gehen muss, wenn es dunkel wird. Eine solche Dauerbetreuung kann unser Gesundheitssystem nicht bezahlen.

Anders als der gebrochene Knöchel, mit dem eine Mutter zwei Wochen im Bett liegt, während eine von der Krankenkasse engagierte Haushaltshilfe die Kinder versorgt, ist die Demenz eine Krankheit, bei der man keine Schonhaltung einnehmen und deren Folgen man nicht durch diese oder jene Handgriffe weitgehend auffangen kann. Die Demenz umfasst vielmehr alle Lebensbereiche eines Betroffenen. Sie ist, könnte man sagen, nicht pflegekassenförmig; sie sprengt das System.

Das Interregnum

Die folgenden Monate habe ich für mich das Interregnum genannt, eine unsichere, unbestimmte Phase zwischen zwei Zuständen. Ich habe damals versucht, so gut es ging, das Leben meiner Mutter zu organisieren und zu beschützen. Dazu gehörte vor allem die Koordinierung jenes Ensembles von Hilfskräften, das sie in den vergangenen Jahren rekrutiert hatte. Natürlich musste das alles aus der Entfernung und am Telefon geschehen, schon von daher gestaltete es sich oftmals äußerst schwierig; manchmal kam es zu peinlichen und grotesken Missverständnissen wie im Laufe des Kinderspiels »Stille Post«. Dann musste ich x-mal hin und her telefonieren, bis klar war, wer was mit wem abgesprochen hatte. Für die Frau, die sich mehrmals in der Woche um den Haushalt kümmerte, hatte ich auf meinem Handy einen eigenen Klingelton eingerichtet, weil ich Anrufe von ihr in jedem Fall annehmen musste. Ich habe diese Frau kaum persönlich kennengelernt, aber viel mit ihr gesprochen. So galt es zum Beispiel immer, die terminlichen und finanziellen Vereinbarungen, die meine Mutter mit ihr traf, festzuhalten, weil meine Mutter sie gleich wieder vergaß und mehrfach daran erinnert werden musste, damit es nicht zu Pannen kam.

Ich bin dieser Frau, ich nenne sie hier Marlene, bis heute sehr dankbar. Hätte es sie in diesen Monaten nicht gegeben, ich weiß nicht, was geschehen wäre. Ihre Besuche waren die Taktgeber und die großen Stützen im Leben meiner Mutter, die allmählich alles, was sie selbst überforderte, an Marlene delegierte. Dabei schaffte sie es allerdings, zumindest vor sich selbst den Anschein zu wahren, dass Marlene keine Pflegekraft oder gar eine Nothelferin war, sondern ihre Angestellte, die gegen eine angemessene Bezahlung ihren Job machte. Die Fassade konnte also intakt bleiben.

Doch natürlich war Marlenes Arbeit kein Job mit seinen vertraglich geregelten Verpflichtungen, sondern die bescheiden honorierte Gefälligkeit einer Nachbarin. Marlene hatte Familie, sie hatte überdies ihre eigene Mutter zu versorgen. Es kam daher vor, dass sie absagen oder ihr Kommen verschieben musste. Für meine Mutter brach dann alles zusammen. Schon die Verlegung eines Besuches vom Donnerstag auf den Freitag ließ sie an allen Absprachen und an der ganzen Konstruktion ihres Alltags zweifeln; in ihren Grübeleien sah sie sich dann völlig verlassen und verlangte umgehend nach neuen, festeren Regelungen. Am liebsten wäre ihr wohl gewesen, wenn Marlene bei ihr eingezogen wäre, aber daran war nicht zu denken.

Ich kann womöglich nicht deutlich genug schildern, wie schwer es für mich war, aus der Entfernung sinnvoll zu agieren. Meine Abneigung gegen das Telefonieren habe ich schon erwähnt. Das Telefon mag allgemein als Instrument der Kommunikation gelten, es ist aber auch eines des Missverstehens und der Verschleierung. Mir machte damals jedes weitere der schier endlosen, mahlstromhaften Telefonate mit meiner Mutter nur immer deutlicher, dass ich ohne intensiven Kontakt vor Ort eigentlich nicht in der Lage war, richtig einzuschätzen, ob sie überhaupt weiter alleine in ihrem Haus bleiben konnte und durfte.

Natürlich offenbarten mir unsere Telefongespräche einiges von der akuten Verfassung meiner Mutter, aber um besser hinter die Fassade sehen zu können, hätte ich an ihrer Seite sein müssen.

Stattdessen war ich, um meine Vermutungen und Befürchtungen zu belegen, auf die Berichte der Hilfskräfte angewiesen. Die machten zwar durchweg eine gute Arbeit, es gab praktisch keine größeren Pannen oder gar Unfälle, aber verständlicherweise lieferten sie in den Gesprächen mit mir nicht objektive Fakten, sondern ihre persönliche Interpretation der Verhältnisse. Und dabei orientierten sie sich eher am Interesse meiner Mutter, nichts Wesentliches in ihrem Leben zu verändern, als an meinem Interesse, Argumente für ihre Übersiedlung in ein Altersheim zu sammeln.

Ich formuliere das bewusst so. Man hätte auch vermuten können, dass der Gärtner, der Essen-auf-Rädern-Dienst und die Putzfrau bloß ihre Kundin nicht verlieren wollten. Doch so einfach lagen die Dinge nicht. Denn nach wie vor arbeitete meine Mutter mit großem Erfolg an der Aufrechterhaltung ihrer Lebensfassade. Wer immer Kontakt zu ihr hatte, musste ihre Haltung bewundern. Sie war achtundachtzig, aber sie legte noch mehr Wert auf ihre Kleidung und ihre Frisur als manch wesentlich jüngere Frau. Der Haushalt wurde zwar immer weiter reduziert, einige Zimmer waren regelrecht stillgelegt, es gab kaum noch Lebensmittelvorräte; doch Unordentlichkeiten oder gar Schlampereien ließ meine Mutter nicht zu. Selbst so aufwändige Aktionen wie das Waschen aller Gardinen ließ sie ihre Hilfskräfte unternehmen, auch wenn sie das tagelang schwer belastete. Ich verstehe daher gut, dass sich niemand fand, der meine Mutter zur Kandidatin fürs Altersheim erklärt hätte. Selbst ihre Nachbarn, die immer wieder Zeugen ihrer nächtlichen Panikattacken und damit ihres schlimmsten Problems wurden, sprachen darüber nicht mit mir. Vermutlich hätten sie das Gefühl gehabt, meine Mutter zu denunzieren. Ihre Loyalität galt der Frau, die seit über vierzig Jahren ihre Nachbarin war, nicht mir, einem Jungen, der nach ein paar Jahren weggezogen war und seitdem eher selten zu Besuch kam.

Im November 2011 hatte ich abends eine Lesung in einem kleinen Ort in der Eifel. Nach der Veranstaltung fuhr ich zu meiner Mutter. Ich hatte mein Kommen für den späten Abend angekündigt; in mehreren Telefonaten hatten wir vereinbart, dass sie nicht meinetwegen aufbleiben sollte. Als ich kam, war sie wach und in einem furchtbaren Zustand. Sie hatte offenbar Angst, konnte aber nicht sagen, wovor, schilderte nur wie immer ihre körperlichen Symptome, die meines Erachtens Anzeichen einer Panikattacke waren. Ich versuchte ihr klarzumachen, dass es normal sei, wenn man sich in ihrem Alter um seine Gesundheit sorgte. Schon damals war meine Mutter etwa zehn Jahre älter, als alle ihre Verwandten geworden waren. Es sei, sagte ich unbeholfen, natürlich ganz schrecklich, fürchten zu müssen, dass man bald krank werden und sterben könne. Andererseits sei diese Angst vor dem Tod auch etwas, das jeden, der älter werde, zunehmend betreffe. Sie müsse sich dessen nicht schämen und könne ruhig darüber reden.

Doch damit drang ich nicht zu ihr durch. Sie habe keine Angst, sagte meine Mutter. Sie sei doch nicht verrückt! Da sei nur ein Gefühl in ihrer Brust, ein Schwindel im Kopf, eine Trockenheit in der Kehle, ein Prickeln in den Beinen und so weiter, und sie wolle wissen, was das für eine Krankheit sei und was man dagegen einnehmen müsse.

Ich versuchte zu widersprechen. Damals hielt ich mich bei Gesprächen mit meiner Mutter noch an die Wahrheit und an das, was mir »gesunder Menschenverstand« zu sein schien. Aber das war schon vergebens. Die Kraft und der Wille meiner Mutter, ihre Fassade aufrecht zu erhalten, waren so stark, dass sie sogar vermochte, die nächtliche Todesangst auf ein Bündel von Symptomen zu reduzieren, auf lauter Äußerlichkeiten, die mit ihr selbst, mit ihrer Existenz und ihrem Wesen so wenig zu tun hatten, das heißt: haben sollten, wie ein Schnupfen oder ein verstauchter Knöchel. Vom Tod durfte nicht gesprochen werden, auch nicht von der Angst. Und vom Verrücktwerden am allerwenigsten.

Die folgende Nacht war grauenvoll. Und das Schrecklichste war, dass meine Mutter schließlich bei mir im Gästebett schlafen wollte. Da geriet nun ich in Panik. Als Junge war ich oft, wenn ich nicht einschlafen konnte, zu meinen Eltern ins Bett gekrochen, und sie hatten mich niemals weggeschickt. Meine eigenen Söhne waren nur selten nachts zu mir gekommen, und wenn sie kamen, war ich froh, für sie tun zu können, was meine Eltern damals für mich getan hatten. Aber meine achtundachtzig Jahre alte Mutter zu mir ins Bett nehmen? Schon der Gedanke war mir unerträglich. Ich weigerte mich brüsk, schickte sie in ihr Schlafzimmer wie ein kleines Mädchen und fühlte mich danach nicht nur, wie seit Wochen, überfordert und ratlos, sondern zudem elend und miserabel.

Ich weiß nicht, ob ich überhaupt geschlafen habe. Das Gästezimmer war einmal mein Kinderzimmer gewesen. In seinen letzten Monaten hatte mein Vater hier geschlafen, weil er mit seiner Krankheit und seiner Todesangst lieber alleine gewesen war. Jetzt lag ich also genau da, wo ich acht Jahre einer Jugend verbracht hatte, nach der ich mich nicht zurück sehnte. Ich lag da, wo mein Vater sprachlos auf den Krebs gehorcht hatte, der sich in seinem Körper ausbreitete. Und nebenan lag meine verwirrte und angsterfüllte Mutter, der ich gerade die Tür gewiesen hatte.

Offenbar war ich also zurückgereist in die kleine, enge Familie, aus der ich vor über fünfunddreißig Jahren ohne Wehmut geschieden war. Ich hatte damals die Jahre, Monate oder Wochen nicht gezählt, die mich von der »Freiheit« trennten. Meine splendid isolation hatte ausgereicht, mich in Ruhe warten zu lassen. Jetzt aber zählte ich die Stunden und Minuten, bis ich dieses Bett, dieses Zimmer und dieses Haus würde verlassen können. Dabei gab es doch gar keine Möglichkeit zur Isolation mehr, keine Chance auf irgendein Weggehen. Ich konnte mich nicht mehr wie damals als Siebzehnjähriger halbwegs elegant aus allen Familienaffären ziehen. Stattdessen war ich jetzt zuständig und verantwortlich.

Denn spätestens durch ihr Verhalten in dieser Nacht hatte meine Mutter mir klargemacht, was ihr einzig helfen könnte: die dauernde Anwesenheit vertrauter Menschen. Und schließlich hatte sie sogar explizit gesagt, wie sie sich das vorstellte: Ich solle bei ihr einziehen. Wörtlich weiter: »Wofür hat man denn Kinder!«

Das hatte gesessen. Natürlich wusste ich, dass ich die besten Argumente auf meiner Seite hatte. Sollte ich meine Familie und meinen Beruf aufgeben, um den Tag über neben meiner Mutter zu sitzen und auf das »Essen auf Rädern« zu warten? Sollte ich mit ihr zusammen beobachten, wie ihre Hilfskräfte die Buchsbäume im Garten schnitten und die Teppiche lüfteten? Sollte ich vor dem Badezimmer warten, bis der ambulante Dienst meine Mutter gewaschen und frisiert hatte? Keine Zeile würde ich so noch schreiben, meinen Beruf könnte ich aufgeben und meine eigene Familie überdies.

Nein, es war natürlich Unsinn, mein Leben mit fünfundfünfzig womöglich für Jahre auf Eis zu legen, um meiner Mutter weiterhin die Illusion zu erhalten, alles sei, wie es immer war. Sie müsste stattdessen in ein Altersheim übersiedeln, wo man ihr auch noch die letzten Arbeiten und Sorgen abnehmen und wo rund um die Uhr kompetentes Personal für sie sorgen würde. Von wegen: Wofür hat man denn Kinder! Nein, Mama, man hat nicht Kinder, damit die ihr Leben irgendwann an den Nagel hängen, um ihren Eltern vorzugaukeln, es gäbe kein Alter, keine Einschränkungen, keine Demenz, keinen Tod. Kinder können helfen und beraten. Aber man schenkt ihnen nicht das Leben, um es irgendwann zurückzufordern.

Alles richtig! Und zugleich ganz unverständlich für einen Menschen wie meine Mutter, der von der Demenz auf eine grauenvolle, wenngleich für den geistig Gesunden schwer nachvollziehbare Art und Weise gequält wurde. Sie schaute, nicht nur in dieser Nacht, mit einem Tunnelblick auf den Punkt, an dem sie sich Hilfe erhoffte. Ein Medikament könnte das sein, oder eben ein Mensch, der sie permanent tröstete, wie man ein Kind tröstet. Und ihr Wunsch danach war so stark, dass es keine Zurückhaltung mehr gab, keinen Blick in die Runde, kein Verständnis für das Leben anderer. Stattdessen: »Wofür hat man denn Kinder!«

Es ist meistens nicht besonders schwer, unberechtigte Ansprüche abzuweisen. Wenn jemand Geld von mir will, dass ich ihm gar nicht schulde, dann berührt mich das nur in Maßen. Ich bin ärgerlich, und wenn er nicht nachlässt, übergebe ich die Angelegenheit einem Anwalt. Was aber, wenn die eigenen Eltern das Leben zurückfordern, das sie einem geschenkt haben? Die Forderung mag noch so unberechtigt, ja sogar vermessen sein, dennoch rührt sie an einen äußerst empfindlichen Punkt.

Tatsächlich »schulden« wir unseren Eltern ja etwas. Aber sind diese Schulden irgendwie zu beziffern, sind sie einklagbar? Nein, das sind sie wohl nicht; und die Eltern sollten nicht fordern. Aber wenn sie es doch tun, dürfen die Kinder dann ablehnen? Und können sie das, ohne sich dabei schuldig zu fühlen?

Ich konnte es nicht. Die Vorstellung, auf Jahre zum Begleiter und Führer meiner demenzkranken Mutter zu werden, mochte so grauenhaft wie unsinnig sein, aber ich konnte sie nicht kalten Herzens zurückweisen wie eine fehlerhafte Handwerkerrechnung. »Wofür hat man denn Kinder!« Der Satz hatte mich verändert und gezeichnet. Er hatte mich auf die Seite derer befördert, die nicht dafür sorgten, dass es meiner Mutter besser ging. Und ich frage mich: Trotz allem, was ich seitdem getan habe, habe ich diese Seite jemals verlassen?

Eine große Überraschung bereitete mir in diesen Wochen nach den ersten Demenz-Diagnosen der Hausarzt meiner Mutter. Er hatte natürlich die Berichte aus den Krankenhäusern und von den Psychiatern und Neurologen bekommen. Offenbar hatten die mit ein paar schnellen Routinetests festgestellt, was ihm in den Jahren des persönlichen Kontakts zu meiner Mutter nicht aufgefallen war. Ich vermute, das war ein gewisser Schock für ihn. Zumindest die Verschreibung stark wirksamer Beruhigungsmittel an eine Patientin mit reduziertem Kurzzeitgedächtnis dürfte wohl nicht der Königsweg ärztlicher Versorgung gewesen sein. Vielleicht wollte der Hausarzt daher in die Offensive gehen. Jedenfalls beantragte er, ohne vorher mit mir ausführlich Rücksprache zu nehmen, ein Verfahren zur Einsetzung eines Betreuers für meine Mutter. Früher nannte man das, weniger politisch korrekt, ein Entmündigungsverfahren. Ich bleibe im Folgenden bei diesem Begriff, denn er bezeichnet exakt, worum es geht.

Ich war von der Initiative des Hausarztes zwar einigermaßen überrascht, hielt sie aber für vollkommen richtig.

Schon vor einigen Monaten hatten fahrende, besser sagte man wohl: marodierende Handwerker meiner Mutter angeboten, die Terrasse hinter dem Haus für sechstausend Euro neu zu plattieren. Meine Mutter war zum Glück nicht darauf eingegangen, aber ihrer Erzählung konnte ich entnehmen, dass sie weder genau gewusst hatte, warum ihr dieses Angebot gemacht wurde, noch, ob sechstausend Euro ein angemessener Preis waren.

Eine Entmündigung würde meiner Mutter jetzt unter anderem die Geschäftsfähigkeit nehmen, das hieß, sie könnte keine finanziellen Verpflichtungen eingehen, die ihr Betreuer nicht gutheißen würde. Außerdem würde sie kein Geld mehr am Automaten abheben dürfen. Damit wäre sie gegen Trickbetrüger, die gezielt alleinstehende alte Menschen aufs Korn nehmen, zumindest um einiges besser geschützt. Im Rahmen einer Betreuung hätte ich zudem den gesamten Schriftverkehr mit allen Behörden, der Krankenkasse etc. übernehmen können. Auch dies schien mir mehr als ratsam, da amtliche Schreiben meine Mutter mittlerweile furchtbar aufregten, weil sie sie nicht mehr verstand.

Das Entmündigungsverfahren ging rasch, aber nicht unbedingt schmerzlos über die Bühne. Tatsächlich war ein wichtiger, ja der entscheidende Teil dieses Verfahrens, meiner Mutter nicht zu erklären, worum es eigentlich ging, um ihre Zustimmung nicht zu gefährden, denn dieser Zustimmung bedurfte es noch. Zu meinem Erstaunen beteiligten sich aber alle Verantwortlichen an diesem Spiel mit verdeckten Karten. Der Richter, der zu uns nach Hause kam, um die Verfügung auszustellen, fragte ebenso wie der psychiatrische Gutachter meine Mutter nur, ob sie damit einverstanden sei, dass ich ab sofort ihren ganzen Papierkram erledigen solle. Das war sie natürlich. Nie aber war die Rede davon, dass sie mit ihrer Zustimmung viele der Rechte verlor, die sie seit fast siebzig Jahren besaß. Ich vermute, der Gutachter und der Richter hatten Erfahrungen damit, was passierte, wenn man einem Demenzkranken genau eröffnete, welche Folgen eine Maßnahme hatte, die doch nur zu seinem Schutz unternommen wurde. Also redeten wir alle mit einer Stimme elegant um den heißen Brei herum.

Der Grund, warum das Verfahren zumindest im Formalen so reibungslos ablief, wurde übrigens mehrmals deutlich ausgesprochen. Als einziger erbberechtigter Verwandter stand ich nämlich nicht im Verdacht, mir irgendwelche Vorteile gegenüber Miterben sichern zu wollen. Meine Mutter und ich markierten gewissermaßen den Nullpunkt der Betreuungsproblematik, da die Entmündigung keinen wesentlichen Eingriff in die Vermögensverhältnisse der Familie bedeutete. Hätte ich fünf Geschwister gehabt, davon zwei in Übersee, und einen unehelichen Halbbruder dazu, hätte der Fall ganz anders gelegen.

Als besonders schmerzlich habe ich den Besuch des psychiatrischen Gutachters in Erinnerung. Ich war dabei, weil ich befürchtete, was dann auch wirklich geschah: Meine Mutter versuchte, vor dem Mann eine möglichst gute Figur zu machen. Ich hatte mehrmals mit ihr über den anstehenden Besuch gesprochen. Sie könne ruhig die Wahrheit sagen, auch wenn das vielleicht peinlich sei. Es gehe ja darum, dass die Leute genau erführen, warum sie meine Hilfe als Betreuer brauchte.

Meine Mutter hatte Verstehen signalisiert. Aber als es soweit war, kehrte sie zurück zu ihrer Fassadenstrategie. Nach den üblichen Fragen zu Alter, Datum und Familienverhältnissen bat der Gutachter sie, ihren Alltag zu schildern. Ob sie denn alle Arbeiten im Haus noch alleine erledige? Das tue sie, sagte meine Mutter: Kochen, Putzen, Waschen, Einkaufen, alles! Vielleicht war sie einfach zu sehr angewiesen auf das Lob, das sie immer bekommen hatte, solange sie wirklich noch alles alleine bewältigte. Womöglich war dieses Lob eine Art Lebenselixier. Oder war meine Mutter in diesem Moment wieder das Mädchen in den dreißiger Jahren, das vor jeder Autorität ganz automatisch sagt, wovon sie glaubt, dass man es hören will?

Ich hatte vorher gefragt, ob ich auch reden dürfe. Der Gutachter hatte das erlaubt. Also versuchte ich, meine Mutter so dezent wie möglich dazu zu bewegen, die Wahrheit zu sagen. Also, dass ihr praktisch alle Hausarbeiten abgenommen wurden, weil sie damit überfordert war.

Es war eine schreckliche Szene. Mir fiel sofort eine Entsprechung dazu ein: Die Eltern sitzen mit ihrem Sohn im Büro des Schuldirektors und bringen ihn mit sanfter Gewalt dazu, einen Streich zuzugeben, den er gerade noch geleugnet hat. Als Junge hatte ich meine Eltern nie in eine solche Situation gebracht. Ich hatte, was ich heute eher bedauere, keine Fußbälle in Fensterscheiben geschossen, keine Heuhaufen angezündet und keine Kaugummis geklaut. Doch jetzt musste ich meine Mutter wie eine verstockte kleine Tochter dazu bringen zuzugeben, was sie partout nicht zugeben wollte. Der Gutachter schien allerdings auch mit dieser Situation Erfahrung zu haben; jedenfalls machte er es mir und meiner Mutter nicht schwerer als unbedingt nötig.

Den Pferdefuß an der Entmündigung lernte ich übrigens erst später kennen. Ich musste jetzt nämlich dem zuständigen Gericht jährliche Berichte über das Vermögen meiner Mutter und über die getätigten Ausgaben übermitteln. So, als wären meine Mutter und ich überhaupt nicht verwandt. Bei größeren Transaktionen, so hieß es, etwa beim Verkauf des Hauses, müsste ich sogar vorher um Erlaubnis fragen. Ich will mich darüber nicht beschweren. Dass ich eine ungeheure Abneigung gegen das Ausfüllen von Formularen habe, ist mein persönlicher Defekt, für den das System nichts kann. Und dass die Regeln für Betreuer den Betreuten nötigenfalls auch vor seinem Betreuer schützen sollen, ist natürlich völlig in Ordnung.

Ach ja, es gab übrigens noch einen nur mäßig komischen Treppenwitz bei der Sache. Wesentlich später sollte sich nämlich herausstellen, dass das ganze Entmündigungsverfahren weitgehend überflüssig gewesen war. Tatsächlich hatte meine Mutter kurz nach dem Tod meines Vaters, vermutlich auf einen Vorschlag des Notars hin, eine Vollmacht aufsetzen lassen, die mir im Falle ihrer Erkrankung praktisch alle Befugnisse übertrug. Davon hatte sie mir damals allerdings nichts gesagt, ich hatte auch keine Kopie der Vollmacht bekommen. In der Zwischenzeit hatte meine Mutter das alles vergessen. Ich fand die Papiere erst, als ich ihren Haushalt auflöste, in einem Aktenordner, der die alten Unterlagen zum Bau des Hauses enthielt.

Zugleich mit dem Antrag auf Entmündigung hatte der Hausarzt einen Antrag auf Zuweisung einer Pflegestufe für meine Mutter gestellt. Das Verfahren verlief parallel zur Entmündigung, und dem Antrag wurde stattgegeben. Resultat war, dass neben dem Tablettendienst, den bis jetzt die Krankenkasse bezahlte, weitere Leistungen des ambulanten Dienstes über die Pflegeversicherung abgerechnet werden konnten. Das alles erforderte Anträge und generierte Behördenpost. Ich legte eine neue Handakte mit dem Rückenschild »Mama« an, weil ich mich nicht in die Familienbuchführung einarbeiten wollte, die meine Mutter von meinem Vater übernommen hatte. Die Korrespondenz mit Ämtern und Kassen füllte den Aktenordner rasch. Schon nach kurzer Zeit brauchte ich einen zweiten, mittlerweile sind es vier.

Ich erwähnte es bereits: Es mag paradox klingen, aber die größere Aufmerksamkeit, die der geistige Zustand meiner Mutter seit ihrem Sturz im Oktober 2011 erfuhr, verschlechterte ihren Zustand merklich. Seit dem Sturz, von dem alle Nachbarn und Hilfskräfte erfahren hatten, war nämlich immer häufiger die Rede davon, dass womöglich alles nicht so weitergehen könne wie bisher. Und genau diese Diskussion riss meine Mutter aus der schmalen Bahn ihrer letzten Sicherheiten, so wie es den oft zitierten Schlafwandler vom Dach fallen lässt, wenn man ihn auf seine Lage anspricht und vor ihren Gefahren warnt.

Von Gespräch zu Gespräch, von Anruf zu Anruf wurden die Diskussionen über ihre Zukunft angestrengter und verworrener. Je nachdem, wie sie die letzte Nacht verbracht hatte, war meine Mutter entweder einverstanden damit, fremde Hilfe in Anspruch nehmen, welche auch immer das sein mochte, oder sie wollte alles genau so belassen, wie es war. Mal verlangte sie, wie in jener schrecklichen Nacht, nach jemandem, der Tag und Nacht bei ihr sei. Dann wieder hieß es, niemand komme ihr ins Haus und an ein Altersheim sei nicht zu denken.

Ich versuchte unterdessen, Pläne zu entwickeln, Strategien, die der Lage gerecht wurden. Diese Lage war einfach und wenig originell: Meine Mutter schaffte es kaum noch, alleine zu leben, war aber nicht bereit, sich für den Umzug in ein Altersheim zu entscheiden. Also ging es zum Beispiel darum herauszufinden, wie gut sie tatsächlich mit den mittlerweile erweiterten Pflegeleistungen des ambulanten Dienstes zurechtkam. Oder ob eine Verpflichtung weiterer Hilfskräfte eine Verbesserung bringen würde. Und natürlich ging es um Dutzende Kleinigkeiten, lauter Dinge, die ein Gesunder für kaum der Rede wert hält, die meine Mutter aber furchtbar peinigten. Nur ein Beispiel dafür: Sollte sie mir jeden Behördenbrief in einem der eigens dafür vorbereiteten Umschläge zuschicken, oder sollte sie zwei oder drei oder gar fünf Schreiben sammeln und sie dann erst auf die Post geben? Über solche Fragen verhandelten wir in jedem Telefonat.

Anfangs glaubte ich noch, das seien Fragen, auf die es eine sinnvolle und abschließende Antwort geben könnte. Probleme, die zu lösen wären, eins nach dem anderen. Aber das war ein Irrtum. Denn jede Debatte um Antworten und Lösungen hatte vor allem diese eine Folge: Sie ließ meine Mutter ein weiteres Mal spüren, dass sie nicht mehr die Herrin über ihr Leben war. Dauernd wurde sie damit konfrontiert, dass sie etwas vergessen hatte, dass sie sich irgendwo nicht auskannte, die Folgen von etwas nicht abschätzen oder seine Kosten nicht beurteilen konnte. Diese Konfrontationen erschütterten permanent ihre Fassade und machten sie nur immer unsicherer und panischer. So verbesserte nichts die Lage, und beinahe alles verschlechterte sie.

Die Gespräche und Telefonate zwischen mir und meiner Mutter gerieten allmählich zu grotesken Machtkämpfen. Ich wollte durchsetzen, was ich für richtig und sinnvoll hielt, während meine Mutter ihren Willen und ihre ganze Kraft daran setzte zu beweisen, dass sie ihr Leben noch zu meistern vermochte. Dabei kam es immer wieder zu den absurdesten Dialogen. So behauptete sie gerne, dass sie etwas nicht wisse, weil man es gar nicht wissen könne. Zum Beispiel den Namen des Medikamentes, das sie als Einschlafhilfe nahm. Meinen Einwand, es sei unbedingt notwendig zu wissen, welches Medikament man zu welchem Zweck einnehme, wies sie als Unsinn und Zumutung zurück. Wer könne sich schon diese komischen Namen merken!

Das sollte natürlich eine rhetorische Frage sein, um das unangenehme Gespräch zu beenden. Doch ich antwortete: Mama, diese Namen merken sich alle Leute, die sich nicht mit ihren eigenen Tabletten vergiften wollen!

Und schon war wieder ein ganzer Tag ruiniert. Bislang war meine Mutter mit der Praxis, das besagte Medikament neben die Lampe auf ihren Nachttisch zu stellen, vielleicht einigermaßen zurechtgekommen. Jetzt aber meldete sich der vorlaute und besserwisserische Sohn mit dem Einwand, dass man ein Medikament nicht bloß an seinem Platz auf dem Nachttisch erkennen dürfe. Und schon war meine Mutter wieder einmal bloßgestellt, überdies war eine weitere Strategie ihrer Alltagsbewältigung unter Verdacht geraten – und damit im Grunde alle anderen auch.

Gleich noch ein anderes Beispiel: Um zu verhindern, dass sie wieder einmal stürzen und dann keine Hilfe holen könnte, hatte ich für meine Mutter einen Alarmdienst eingerichtet. Per Knopfdruck auf einem kleinen tragbaren Gerät konnte sie jetzt einen Rettungsdienst benachrichtigen. Das war sicher keine ganz schlechte Idee; ich hatte überdies die Hoffnung, das Gerät könne, besonders in den Nächten, auch ein Gefühl der Sicherheit vermitteln. Aber für meine Mutter war der kleine Kasten mit dem roten Knopf vor allem dies: ein beängstigender Eingriff in ihre Gewohnheiten.

Anfangs hatte sie auf Zetteln die Nummern der Rettungsdienste notiert, und diese Zettel klebten an den Telefonen, von denen es auf jeder der drei Etagen im Haus eines gab. Später hatte sie allerdings die Telefone im Keller und im ersten Stock stillgelegt, weil die drei Apparate leicht unterschiedlich gestaltete Tastaturen hatten, was sie ebenso irritierte wie die verschiedenen Klingeltöne. Natürlich war dabei nur ein sehr bescheidenes Kommunikations- und

Rettungssystem übriggeblieben. Aber es war eines, das sie zu beherrschen glaubte. Wenn es jetzt klingelte oder wenn sie selbst anrufen wollte, wusste sie immerhin, dass dafür nur ein Gerät in Frage kam: das im unteren Flur. Was aber sollte sie jetzt mit dem kleinen Kasten machen?

Natürlich ihn umhängen! Dafür war die Schnur daran gedacht. Damit man ihn immer bei sich hatte, im Schlafzimmer, im Keller, im Bad. Logisch, ja sicher. Aber auch eine furchtbare Zumutung. Einen Kasten mit rotem Knopf um den Hals zu tragen, das konnte meine Mutter, die immer noch auf modische Details achtete, natürlich nur als furchtbar peinlich empfinden. Und was vielleicht noch schlimmer war: Der Knopf fragte sie gewissermaßen permanent, ob sie denn wisse, wie sich die Rettungssysteme »Telefon« und »Notrufdienst« zueinander verhielten? Wer meldete sich wann? Was musste man wann sagen, und wer kam dann schließlich? Das hieß, der Knopf stellte dauernd eine Frage, die meine Mutter nie sicher beantworten konnte. Also schaffte sie sich das Ding im Wortsinne vom Hals und hängte es irgendwo hin. Das bedeutete allerdings, dass sie jetzt dauernd auf der Suche danach war. Die Ökonomen würden von einer Loose-Loose-Situation sprechen: Den Knopf bei sich zu haben, kränkte meine Mutter; ihn nicht bei sich zu haben, versetzte sie in Panik.

Überhaupt, das Telefon! Ich kann gar nicht aufhören es zu verfluchen. Schon während der Krankheit meines Vaters hatte es eine höchst unselige Rolle gespielt. Meine Eltern besaßen damals kein schnurloses Telefon, und von seinem Platz im Wohnzimmer kontrollierte mein Vater die Gespräche meiner Mutter im Flur. Ich vermute, er wollte dabei erfahren, ob sie oder andere etwas über seinen Zustand wussten, das man ihm verschwiegen hatte. Dieser Umstand führte dazu, dass meine Mutter mir über Wochen gar nicht sagen konnte, wie schlecht es meinem Vater bereits wieder ging. Ich versuchte daraufhin, in bester Absicht, doch ohne Fingerspitzengefühl, im Haushalt meiner Eltern ein schnurloses Telefon zu installieren, damit meine Mutter mit mir reden konnte, ohne dass mein Vater zuhörte. Doch das ging grandios daneben, mein Vater montiere das Teil wieder ab, und ich schäme mich noch heute für meine Blödheit.

Jetzt gab es weitere Fortsetzungen dieser traurigen Telefongroteske. Eine bestand aus dem besagten Kasten mit dem roten Knopf, eine andere begann, als das über zehn Jahre alte schnurlose Telefon, das nach dem Tod meines Vaters doch noch in Dienst gestellt worden war, defekt zu werden begann. Blauäugig, wie ich immer noch war, kaufte ich als Nachfolger ein sogenanntes Seniorentelefon mit hell beleuchtetem Display, großen, ebenfalls beleuchteten Zahlentasten und vier speziellen Tasten für Kurzwahlen. Ich speicherte darin die Notrufe, meine Nummer und die von Marlene. Jetzt musste meine Mutter für vielleicht neunzig Prozent der Anrufe, die sie tätigte, nur noch je eine von vier Tasten drücken.

Doch das Gerät mochte so sinnvoll und praktisch sein, wie es wollte, es hatte doch einen Fehler, der es für meine Mutter vollkommen disqualifizierte: Es sah nicht so aus wie das alte. Und ein anderes als das alte Telefon konnte meine Mutter einfach nicht mehr bedienen, wie sehr sie sich auch bemühte. Die Symbole fürs Entgegennehmen und fürs Beenden eines Anrufes mochten dieselben sein, ebenso die entsprechenden Farben Grün und Rot. Ich erklärte das wieder und wieder. Vergebens. Die Fähigkeit meiner Mutter zu telefonieren war mittlerweile an das alte Gerät geschweißt, irgendein anderes konnte sie nicht bedienen.

Und wieder dauerte es, bis ich das begriffen hatte. Schließlich besorgte ich nach vielem Hin und Her ein altes Schnurtelefon mit Wählscheibe, das nun wieder wie anno dazumal im Flur fest angebunden war. Dieses Telefon konnte meine Mutter bedienen; die vor siebzig Jahren gelernten Handgriffe waren ihr noch vertraut. Allerdings standen jetzt praktisch alle unsere Telefonate von vornherein unter einem Unstern. Denn meine Mutter konnte das Telefon nirgendwohin mehr mitnehmen; wenn es klingelte, musste sie in den Flur eilen. Danach aber war sie zumindest außer Atem, oft sogar, einzig wegen der Anstrengung, in Panik.

Ein anderer Schuss, der nach hinten losging, war die Bemühung, meine Mutter vom Umgang mit größeren Mengen Bargeld zu entlasten. Als Folge der Entmündigung durfte sie nicht mehr über ihr Girokonto verfügen. So schnell das eben ging, richtete ich ein Sparkonto ein und bat Marlene, die Abhebungen davon zu übernehmen. Das klappte auch alles ganz gut, und es waren keine großen Summen mehr im Haus. Allerdings gelang es mir nicht, meiner Mutter diese an sich harmlose Verfahrensänderung zu erklären. Tatsächlich fürchtete sie, jetzt wieder arm zu sein. Ich tat in Folge gut daran, Geldangelegenheit möglichst nicht mehr zu erwähnen.

Ich habe mir immer wieder vorzustellen versucht, wie ein demenzkranker Mensch vom Nachlassen seiner mentalen Fähigkeiten gequält wird. Mittlerweile kann ich es mir am besten mit einer eigenen Erfahrung erklären, die womöglich andere mit mir teilen: Ich wache im Urlaub oder auf einer Lesereise in einem Hotelzimmer auf und brauche ein paar Sekunden, vielleicht sogar nur Sekundenbruchteile, bis ich weiß, wo ich mich befinde, welcher Tag heute ist und was ich als nächstes tun muss. Das ist kein besonders angenehmes Gefühl, und manchmal wirkt die kurze Verwirrung noch etwas länger nach. Wie schrecklich muss es nun sein, wenn ich jeden Morgen und außerdem mehrmals täglich, ja vielleicht dauernd »aufwache« und mich fragen muss, wer und wo ich bin, was gestern war und was heute sein wird.

Ich stelle mir vor: Ein Mensch mit beschädigtem Kurzzeitgedächtnis sieht, wenn er sich umschaut, nur Rätsel und Drohungen. Seine unmittelbare Vergangenheit zerfällt hinter ihm wie eine Sandburg in der Sonne. Der geistig gesunde Mensch bewegt sich in einer Welt voller Anhaltspunkte und Erinnerungsstücke, die allesamt Teile eines sinnvollen Ganzen sind. Da liegt der Brief, weil er in den Kasten muss, dort der Zettel mit den Einkäufen, die ich heute noch tätigen werde. Die Schuhe stehen am Kellerabgang, weil sie geputzt werden müssen, und die Glühbirne liegt auf dem Tisch, damit ich sie in den Laden mitnehme, um dort den richtigen Ersatz zu kaufen.

Auch der Demenzkranke ist von lauter solchen Dingen und Zeichen umgeben, doch die verlieren zunehmend ihre Bedeutung und werden dann zu den peinigenden Trümmern eines zerstörten Kosmos. Ich wiederhole mich: Es muss eine Folter sein.

Das Heim

Auch ein halbes Jahr nach ihrem Sturz lebte meine Mutter noch alleine in ihrem großen Haus. Das Haus war mittlerweile ihr überlebenswichtiger Schutzraum und zugleich ein gefährliches und bedrohliches Labyrinth geworden. Bei meinen Besuchen hatte ich stets den Eindruck, sie lebe bereits in ihrem eigenen Mausoleum und, was mich noch schlimmer anging, in dem unserer Familie und meiner Kindheit. Doch klar war auch: Ihr Aufenthalt dort würde einmal ein Ende haben, haben müssen, früher oder später. Und es gab nur einen einzigen Menschen, der zu entscheiden hatte, wann es tatsächlich soweit wäre, und der sich darum kümmern musste, was danach kommen sollte. Dieser Mensch war ich. Das heißt: Ich musste nach einem Altersheim für meine Mutter suchen und den Umzug organisieren. Doch das ist leicht gesagt! Tatsächlich sollte es eine der schwierigsten Arbeiten werden, die ich in meinem Leben bislang zu leisten hatte.

Am Anfang standen die vermeintlich einfachen Fragen. Sollte ich nach einem Altersheim in der Nähe des Wohnortes meiner Mutter suchen oder nach einem in meiner Nähe? Im Heimatort meiner Mutter lebten damals nur noch sehr wenige nahe Verwandte, eigentlich nur ihre durch Krankheit geschwächte Schwester und deren Mann. Das hieß, mit viel Gesellschaft hätte meine Mutter auch in einem

Altersheim ihrer Heimatstadt nicht rechnen dürfen. Aber zumindest gelegentlich wären wohl die Nachbarn und ein paar der noch lebenden Bekannten aus ihrer aktiveren Zeit zu Besuch gekommen; und das hätte meiner Mutter den Aufenthalt im Altersheim womöglich erleichtern können.

Hier in meiner Heimatstadt lebten hingegen nur ich und meine Familie; das heißt eigentlich nur meine Frau und ich, da meine Söhne schon weggezogen oder auf dem Sprung dazu waren. Allerdings war ich der einzige Mensch, der befugt und in der Lage war, sich dauernd aktiv um ihre Angelegenheiten zu kümmern. Und einen solchen Menschen würde meine Mutter dringend brauchen, wenn sie nach fünfundvierzig Jahren ihre gewohnte Umgebung verlassen musste. Daher sprach aus meiner Sicht alles für eine große Übersiedelung.

Meine Mutter aber war weiter entschlossen, jede Veränderung zu vermeiden. Wann immer wir darüber redeten, wollte sie, verständlicherweise, beides: möglichst viel Schutz und Hilfe, dabei gleichzeitig ihr vertrautes Umfeld. Beides zu haben war meiner Ansicht nach kaum möglich. Doch meine Mutter sah das nicht ein; und so mündete unweigerlich jedes von mir begonnene Gespräch über Altersheime in ihrer verzweifelten Frage, warum man sie denn nicht bei ihr zu Hause betreuen könne? Wenn ich ihr dann zum wiederholten Male vorrechnete, wie teuer eine professionelle häusliche Betreuung über vierundzwanzig Stunden am Tag und sieben Tage in der Woche werde und dass sie infolgedessen unbezahlbar sei, wurde das Gespräch zum Desaster. Denn mit Zahlen und Beträgen wusste meine Mutter kaum noch etwas anzufangen; Geld auch nur zu erwähnen machte die Überforderung perfekt. Wir redeten dann stundenlang, bis wir, meistens aus Erschöpfung, zu irgendeinem Ergebnis kamen. Das bestand allerdings in der Regel darin, dass wir noch abwarten wollten: eine ärztliche Untersuchung, den Rat irgendeiner Bekannten oder das nächste Frühjahr. Doch auch solche Ergebnisse waren müßig, denn kurz darauf hatte meine Mutter sie vergessen und stand wieder hilflos und verzweifelt vor ihrem großen Problem.

Also entschied ich mich zu einer Art Doppelstrategie. Während ich weiterhin alles unternehmen würde, um meiner Mutter das Leben in ihrem Haus zu ermöglichen, wollte ich zugleich in meinem Heimatort ein Altersheim für sie suchen und sie dort anmelden, damit, wenn der Entschluss zum Umzug endlich fallen sollte, ein Platz für meine Mutter reserviert wäre. Ich hatte erfahren, dass die Wartezeit auf Altersheimplätze drei Monate oder länger betragen konnte, also begann ich mit der Suche.

Aber wie sucht man ein Altersheim für seine Mutter? Auch hier fühlte ich mich wieder, als müsste ich eine Prüfung absolvieren, für die ich nie gelernt hatte. Es standen etwa zwanzig Heime zur Auswahl. Ich hatte von einer Beratungsstelle eine mehrseitige Liste mit Details zu den einzelnen Häusern erhalten. Doch die Liste taugte eigentlich nur als Adressenverzeichnis, denn in ihrer »Papierform« waren sich die Heime weitgehend ähnlich. Also tat ich, was man mir geraten hatte: Ich klapperte eines nach dem anderen ab.

Eingangs habe ich geschrieben, dass dieses Buch kein Ratgeber sein will. Trotzdem kann ich vielleicht aus meinen Erfahrungen bei der Suche nach einem Altersheim einen Rat destillieren. Er lautet: Man schaue sich möglichst viele an. Denn die wichtigsten Kriterien zur Auswahl erfährt man erst vor Ort. Ein Altersheim auszusuchen, das ist, als würde man sich etwas zum Anziehen kaufen, allerdings ohne vorher zu wissen, was Hose, Hemd und Jacke eigentlich sind. Die Kenntnis erwirbt man erst bei der Anprobe.

Ich habe mich damals beim Betreten jedes neuen Altersheimes sofort gefragt: Wie wirst du dich fühlen, wenn du hier deine Mutter besuchst? Wenn du in den Flur trittst, wenn du vor dem Aufzug wartest und in den Gang biegst. Wird dieser Ort dich trösten, oder wird er dich abschrecken? Gibt er dir ein gutes Gefühl, oder macht er, dass du dich nur noch weiter schuldig fühlst?

Wer jetzt sagt: Aber es ging doch nicht um dich, sondern um deine Mutter!, der hat natürlich Recht. Doch das Altersheim sollte ja nicht bloß ein möglichst gut funktionierender Verwahrort für meine Mutter sein. In gewisser Weise würde es darüber hinaus an die Stelle meines Elternhauses treten und damit auch ein Heim für mich werden. Und heute kann ich sagen: Genau so ist es auch gekommen. Das Altersheim ist ein Teil meiner Lebenswelt geworden. Mehrmals in der Woche, in Krisenzeiten täglich, bin ich hier. Und daher war es damals nicht nur zulässig, sondern sinnvoll und hilfreich, einen Ort auszusuchen, der auch mir möglichst sympathisch war.

Eine weitere Erfahrung war diese: Es ist wichtig, mit dem Leiter oder der Leiterin zu reden. Altersheime sind, ebenso wie Schiffe oder Schulen, Orte, die über kurz oder lang den Charakter ihrer Kapitäne oder Direktoren annehmen. Ob das Gebäude alt oder neu ist, wie die Zimmer ausgestattet sind, das kann man mit bloßem Auge sehen. Doch welcher Geist im Hause herrscht, das erfährt man nur im Umgang mit den Menschen, die ihn prägen.

Die Leiterin des Altersheims, für das ich mich schließlich entschied, tat im Gespräch mit mir (im Gegensatz zu anderen) so gut wie nichts, um ihre Einrichtung und deren Angebote zu »verkaufen«. Sie vertraute offenbar darauf, dass der Augenschein für sich sprach. Außerdem sagte sie mir ganz unumwunden, dass sie es für völlig unrealistisch, ja vielleicht sogar schädlich halte, ein Alters- und Pflegeheim für Hochbetagte zur Rehaklinik oder gar zum Spa hochzustilisieren. Sicher gebe es einen gewissen Wettbewerb der Einrichtungen, und sie verstehe auch, wenn die Verantwortlichen versucht seien, die eigentlichen Aufgaben ihrer Heime im Interesse des Marketings taktvoll zu umschreiben. Doch die Wahrheit sei nun einmal, dass hierhin alte Menschen kämen, meistens von Schlaganfällen oder von der Demenz schwer gezeichnet, um in Würde ihre letzte Zeit zu verbringen. Und genau das zu ermöglichen, sei die Aufgabe der Einrichtung, nicht die, mit Gags oder Events zu prunken, die eher das schlechte Gewissen der Verwandten beruhigten.

Das schlechte Gewissen! Damit waren wir übergangslos beim Prekären *meiner* Lage angekommen. Ich war damals immer noch sehr froh, Gesprächspartner zu treffen, für die Alltag war, was mich so unvorbereitet überfallen hatte. Ich schilderte also meine Situation: Wahrscheinlich würde ich demnächst meine Mutter aus ihrem über alles geliebten Haus entführen müssen. Und das war ja keineswegs bloß eine etwas dramatische Metapher. Womöglich müsste ich die Übersiedlung tatsächlich gegen ihren Willen veranlassen und durchführen. Es ging also um einen gewaltigen, ja, einen gewalttätigen Eingriff ins Leben meiner Mutter. Ich war dabei zu planen, in welches Exil ich sie verbannen, in welches Gefängnis ich sie stecken würde.

Ich glaube, ich habe damals im Büro der Heimleiterin geredet wie in einem Beichtstuhl. Natürlich wollte ich das alles tun, um meine Mutter zu schützen. Um ihr die Jahre, die sie noch hatte, so lebenswert zu machen, wie es die Umstände zuließen. Aber was nutzten solche Erklärungen und Entschuldigungen? Von Tag zu Tag verstand meine Mutter weniger, wie es um sie stand und welche Möglichkeiten sich noch anboten. Vermutlich würde keine Lösung den Schmerz über den Verlust des Hauses und der Selbständigkeit aufwiegen oder auch nur lindern. Und angesichts dieser drohenden Katastrophe sollte ich nun kühlen Herzens und guten Mutes eine Bleibe aussuchen, wie man einen Ort für die Sommerfrische sucht? Features checken, Ratings vergleichen. Das geht doch nicht!

Stimmt, sagte die Leiterin des Altersheims, als ich mit meiner Suada fertig war. Für mich, den Sohn und Betreuer, gebe es jetzt nichts zu gewinnen. Aber die Übersiedlung ins Heim sei definitiv das kleinere Übel. So wie die Amputation eines entzündeten Beines, das ansonsten den ganzen Körper vergiften und den Menschen töten würde. Allerdings bleibt nach der Amputation für den Rest des Lebens die Trauer um das Bein. Niemand, sagte die Leiterin, der für seine Eltern einen Platz im Altersheim sucht, könne das mit gutem Gewissen tun. Hier gehe es leider nicht mehr darum, »alles richtig« zu machen. Und man könne auch nicht auf Dank hoffen. Aber ich dürfe nie vergessen, sagte sie, dass ich das Richtige tue. Auch wenn das Richtige leider nur die Wahl des kleineren Übels sei.

Muss ich sagen, wie sehr mir das geholfen hat?

Seit März 2012 standen wir also auf der Warteliste des Altersheims. Ich teilte das meiner Mutter mit, ich beschrieb ihr das Haus und die Zimmer, ich zeigte ihr Prospekte; und das alles tat ich unter der beständig wiederholten Versicherung, dass nichts verbindlich sei und wir uns jederzeit anders entscheiden könnten.

Was folgte, war eine ganz besonders angespannte Zeit. Wenn ich sagte, sie hat mich »Nerven gekostet«, wäre das untertrieben; sie hat mir vielmehr ein Stück meiner psychischen Gesundheit genommen. Hatte meine Mutter eine schlechte Nacht gehabt, rief sie mich früh am Morgen an und wollte sofort in das Heim übersiedeln; doch dann musste ich ihr sagen, dass noch kein Zimmer für sie frei war, was lange Debatten nach sich zog. Schon am nächsten Tag aber konnte sie die Ängste der vergangenen Nacht vollkommen vergessen haben. Dann rief sie mich an und trug mir auf, alles sofort rückgängig zu machen. Ein Altersheim komme für sie niemals in Frage.

Natürlich erfuhren die Hilfskräfte meiner Mutter von den Plänen zur Übersiedlung. Und sie sagten dazu ihre Meinung. Ich mache den Leuten keine Vorwürfe; Rheinländer werden ja bekanntlich nicht dazu erzogen, mit ihren Ansichten hinter dem Berg zu halten. Allerdings haben mir die Leute nicht eben geholfen. Oder anders gesagt: Manchmal zerstörten sie mit ein paar Sätzen, woran ich seit Wochen gearbeitet hatte.

Ein Beispiel: Ich war gerade im Literarischen Colloquium in Berlin, da rief mich meine Mutter an, mit einem geradezu triumphierenden Ton in der Stimme. Ich stand im Turmzimmer der alten Villa und sah über den Wannsee. Ihr Apotheker sei gerade da gewesen und habe ihr die Medikamente gebracht, sagte meine Mutter. Irgendwie sei dann das Gespräch auf Altersheime gekommen, und da habe der Mann gesagt: Um Gottes Willen! Altersheime, das sei doch nichts für sie. In Altersheimen lebten nur alte und kranke Menschen. Wer dahin gehe, der werde depressiv. Davor solle sie sich hüten. Außerdem sei sie doch kerngesund. Schmeiße noch den ganzen Haushalt, und so weiter.

Über dem Wannsee ging gerade die Sonne unter, die Lichter eines Ausflugsschiffes spiegelten sich im Wasser. Ich erwiderte nichts. Jedes Wort von mir hätte alles noch schlimmer gemacht. Stattdessen rief ich den Apotheker an. Glückwunsch!, sagte ich, als ich ihn in der Leitung hatte.

Ob er schon einen Käufer für seine Apotheke habe? Seine Approbation könne er nämlich vergessen. Die werde ihm entzogen, dafür würde ich sorgen. Er habe nämlich heute eine Kundin in einer Gesundheitsangelegenheit beraten, obwohl er ihren Zustand offenbar gar nicht kenne. Und dann erzählte ich ihm, mit erhobener Stimme und in eben dem rheinischen Tonfall, den ich aus meiner Kindheit kenne und so gar nicht schätze, wie sauber er soeben alle meine Anstrengungen torpediert hatte, meine Mutter von der Notwendigkeit einer Übersiedlung ins Altersheim zu überzeugen. Dem Apotheker ist zugute zu halten, dass er einigermaßen schockiert war.

Natürlich habe ich rein gar nichts gegen den Mann unternommen. Aber ich gebe zu, es tat mir gut, einmal laut zu werden. Und ich genoss es auch, dass er mir nicht widersprechen konnte, er hatte ja eindeutig seine Kompetenzen überschritten. Viel schwieriger waren die Gespräche mit all den anderen Menschen in der Umgebung meiner Mutter und in meiner eigenen Umgebung. Hier bekam ich Widerspruch, und zwar viel mehr, als ich ertragen konnte.

Nach wie vor tat nämlich die Lebensfassade meiner Mutter ihre Wirkung. Wer auch immer nur gelegentlich und dann nur kurz Kontakt mit ihr hatte, bemerkte so gut wie nichts von ihren Problemen. Manche hielten dann mit ihren eigenen Einschätzungen der Lage nicht zurück, weder mir noch meiner Mutter gegenüber. Äußerungen wie die des Apothekers hörte ich damals dauernd, oft durch meine Mutter kolportiert.

Natürlich versuchte ich in solchen Fällen, meine Gegenüber von dem zu überzeugen, was ich für angebracht hielt. Liebend gerne hätte ich damals Menschen gefunden, die meine Einschätzung teilten und mich in meinen Plänen unterstützten. Also versuchte ich zum Beispiel die Gefahren zu schildern, denen ich meine Mutter ausgesetzt sah. Ich erzählte von meiner Sorge, sie könne wieder stürzen oder sich anderswie verletzen und dann nicht im Stande sein, Hilfe zu holen. Doch ich drang damit nicht durch. In den besseren Fällen antwortete man mir mit dem höchst problematischen Kernsatz der rheinischen Lebensphilosophie, nach dem »noch immer alles gut gegangen« sei. In den weniger guten Fällen ließ man mich so oder so spüren, wofür man mich hielt. Dann stand ich da als der böse Königssohn, der seine Mutter aus dem Schloss vertreiben will. Oder weniger blumig gesagt: Ich stand da wie eines von diesen früh entlaufenen Kindern, die sich die Probleme mit ihren alten Eltern möglichst sauber vom Hals schaffen wollen, indem sie sie in ein Heim abschieben.

Nein, das war nun wirklich keine schöne Rolle: umherzugehen und allen Leuten von den täglichen Telefonaten mit meiner Mutter zu berichten, durch die mir offenbar als einzigem deutlich wurde, wie sehr sie von allen Aufgaben des Alltags überfordert war und dass sie keinen Gedanken mehr dauerhaft fassen konnte. Oder von ihren Angstattacken zu berichten, die sie mir so verzweifelt schilderte, vor anderen aber verschwieg oder herunterspielte. Ich glaube, ich wurde damals zu einer Art advocatus diaboli. Schließlich sammelte ich ja akribisch Belege dafür, dass meiner Mutter ein selbstbestimmtes Leben nicht mehr zustand.

Doch wie gerne widersprechen die Leute dem Anwalt des Teufels! Mir wurde jedenfalls oft und heftig widersprochen. Mag sein, dass ich selbst dazu Anlass gab. Der rührige Sohn aus dem Bilderbuch war ich schließlich nie gewesen. Jeder wusste, dass ich eine gewisse Distanz zu meinen Eltern gewahrt hatte. Selten genug hatte mein Auto vor ihrer Tür gestanden. Kein Wunder also, dass ich keinen guten Eindruck machte, wenn ich jetzt nur kam, um Beweise dafür zu sammeln, dass die Entmündigung meiner Mutter, auf dem Papier schon vollzogen, nun ganz und gar vollstreckt werden müsste.

In dieser Rolle eine gute Figur zu machen, gelingt wahrscheinlich nur den Wenigsten. Mir gelang es überhaupt nicht. Erschwerend kam hinzu, dass es mir nicht liegt, für meine Überzeugungen geschickt zu werben. Ich bin kein leidenschaftlicher »Teamplayer«, und ich habe wenig Erfahrung darin, Partner und Bundesgenossen für meine Projekte zu suchen.

Wozu auch? In meinem Beruf mache ich praktisch alles alleine. Das Schreiben ist ein einsamer Akt; und wer die Einsamkeit nicht erträgt, ja, wer sie nicht sogar zu lieben versteht, der wird keinen Roman zu Ende bringen. Beim Schreiben hat man keine »Partner«, mit denen man sich abstimmen, die man bewegen und überzeugen muss. Wenn ich beim Schreiben überhaupt Partner habe, mit denen ich agiere, dann sind es meine Texte. Aber das sind stille Auseinandersetzungen, bei denen nur meine Ichs miteinander im Streit liegen, also lauter Leute, die ich recht gut kenne.

Und so ein Leben prägt. Es lässt einen, so man es nicht schon von Natur war, undiplomatisch werden, um es diplomatisch auszudrücken. Gibt es Streitfälle im »richtigen« Leben, so setze ich ganz naiv darauf, dass ich mich schon durchsetzen werde, wenn ich es schaffe, die Fakten zum Sprechen zu bringen, so sie denn für mich sprechen. Dass man so keine Bündnispartner gewinnt, hatte man mir schon gelegentlich zu erklären versucht. Doch erst als ich Unterstützer für etwas suchte, das ich als Rettungsplan für meine Mutter betrachtete, erfuhr ich sehr deutlich und nachdrücklich, dass einem die Fakten keine Freunde verschaffen.

Oft war ich tief verzweifelt. Ging es nicht einfach nur darum, die vernünftigste Entscheidung zu treffen? Doch mit Vernunft, mit Argumenten und Fakten war hier offenbar am wenigsten auszurichten. Vielmehr waren meine Mutter und ich, und leider auch die Menschen um uns herum, in etwas verstrickt, in dem Fakten und Argumente nur eine untergeordnete Rolle spielten. Verstrickt waren wir vor allem in unsere gemeinsame Geschichte.

Nun ist dies keine spektakuläre, keine irgendwie besondere Geschichte. Und wenn ich im folgenden Kapitel davon erzählen werde, dann auch, weil ich glaube, dass viel Menschen meiner Generation eine ganz ähnliche Geschichte erlebt haben.

Die Familie

Während meiner Kindheit und Jugend hatte ich mir nie gewünscht, Geschwister zu haben. Man beglückwünschte mich auch allgemein zu meinem Status als Einzelkind. Da müsse man mit niemandem teilen, sagten die Großeltern, Onkel und Tanten, deren Kindheit offenbar vom Teilen geprägt war. Davon, dass man unter Geschwistern vielleicht auch Leid und Probleme teilen könnte, war seltsamerweise nie die Rede. Dabei hätte gerade für mich ein Leben mit Geschwistern vielleicht bedeutet, dass mein Verhältnis zu den Eltern intensiver und substantieller gewesen wäre. Statt meiner splendid isolation und all den nicht ausgetragenen Konflikten hätte es ein offeneres Klima in der Familie geben können, wechselnde Koalitionen, erstrittene und dadurch wertvolle Kompromisse. Doch wie gesagt: vielleicht. Geschwister müssen nicht automatisch Freunde oder Verbündete sein. Es wäre genauso gut möglich, dass ein Bruder oder eine Schwester, die mehr nach dem Geschmack meiner Eltern geraten wären, mir zusätzliche Probleme bereitet hätten.

Jetzt aber, mehr als sechsunddreißig Jahre nachdem ich das Elternhaus verlassen hatte, sehnte ich mich geradezu nach den Geschwistern, die ich nie gehabt hatte. Ich will ehrlich sein: Natürlich wünschte ich mir bisweilen ganz einfach jemanden, der statt mir die ganze Verantwortung tragen würde. Wer lädt nicht gern auf andere Schultern, was ihn zu erdrücken droht. Dabei wäre es wohl schon hilfreich gewesen, wenn ich über die anstehenden Entscheidungen mit jemandem hätte reden können, der meine Mutter und ihre Lebensverhältnisse so gut kannte wie ich, weil ihn eine ähnliche Geschichte mit ihr verband. Wir hätten unsere Einschätzungen der Lage austauschen, wir hätten gemeinsam Ideen entwickeln und uns in den Gesprächen mit meiner Mutter gegenseitig unterstützen können. Noch einmal gesagt: Ich weiß, Geschwister müssen sich nicht vertragen. Und es ist nicht notwendig so, dass die Kinder eines demenzkranken Elternteils automatisch einer Meinung sind und am selben Strang ziehen. Es kommt sogar vor, dass die Auseinandersetzung über den richtigen Umgang mit den dementen Eltern ganze Familien zerreißt. Für mich allerdings wuchs sich in diesen Monaten, ohne dass ich es wollte, die Vorstellung von einem Bruder oder einer Schwester zu einer Art Rettungsvision aus.

Von Geschwistern hätte ich mir allerdings nicht nur Hilfe bei der Entscheidungsfindung und der Organisation erhofft. Sie hätten vielleicht auch ein weiteres Problem mildern können, das mir damals sehr zu schaffen gemacht hat und das ich bis heute nicht gelöst oder überwunden habe. Es geht um all das, was die Wiederbegegnung mit meiner Mutter begleitete. Ich habe keinen rechten Namen dafür. Es geht um das, was geschieht, wenn eine versteinerte oder abgesunkene Familiengeschichte neu belebt und fortgesetzt werden muss. Und wahrscheinlich sind meine Mutter und ich da kein Einzelfall, sondern Teil eines allgemeinen sozialpsychologischen Phänomens, das unsere Zeit nicht unwesentlich prägt. Ich spreche von der Kleinfamilie und ihren Folgen.

Heutzutage leben viele alte Menschen nur mit ihrem Partner oder, wenn der gestorben ist, alleine. Das scheint uns schon fast normal zu sein, doch in unserer Geschichte gab es das bislang eigentlich nie oder nur als Ausnahme. Jahrtausende lang, und noch bis ins 20. Jahrhundert, war hierzulande eine andere Lebensform die Regel. Die Menschen lebten in (zumeist bäuerlichen) Großfamilien, meistens drei Generationen unter einem Dach. Dort zog niemand aus; weder die Jungen, wenn sie erwachsen, noch die Alten, wenn sie gebrechlich wurden. Die Autorität über Haus, Hof und Familie wurde vor Ort weitergegeben. Die Generation der Dreißig- bis Fünfzigjährigen hatte das Sagen, und ihre Kinder gehorchten. Doch die Kinder wurden erwachsen, bekamen selbst Kinder und übernahmen schließlich das Regiment auf dem Hof oder im Geschäft. Aus den Eltern wurden Großeltern; bis zum völligen Versagen ihrer Kräfte übernahmen sie leichtere Arbeiten, gepflegt und versorgt wurden sie von ihren Kindern und Enkeln. In der Regel starben sie allerdings bald, aufgezehrt von schwerer Arbeit und praktisch ohne medizinische Versorgung. Ihre Pflege erstreckte sich somit, wenn überhaupt, nur über wenige Wochen oder Monate und verteilte sich zudem auf viele der am Ort lebenden Angehörigen.

Das Altern und Sterben vollzog sich also über Jahrtausende inmitten der Großfamilie, wo man für die Kinder ebenso gemeinsam sorgte wie für die Alten. Damit bestand eine organische Integration aller Familienmitglieder in einen Lebens- und Sterbekreislauf. Jeder wurde damals auf das, was einmal auf ihn zukommen würde, ganz selbstverständlich vorbereitet. Aus der täglichen Anschauung erfuhr etwa ein kleines Mädchen, was es bedeutete, einmal Mutter zu werden, später die eigenen Eltern zu pflegen und noch später von seinen Kindern versorgt zu werden.

Kürzlich las ich, dass jemand mit zwanzig vor zweihundert Jahren bereits den Tod von zwei Dutzend Menschen aus seiner engeren Umgebung miterlebt hatte; heute liegt die entsprechende Zahl unter zwei.

Im Zuge der Industrialisierung löste in unserer westlichen Welt die Kleinfamilie die Großfamilie weitestgehend ab. Eine Lebensform, die über Jahrtausende die »Arbeitsgrundlage« unserer Kultur gewesen war, verschwand mit atemberaubender Geschwindigkeit, oft genug von einer auf die nächste Generation. Heute erleben die allerwenigsten Menschen eine Fortführung des Familienverbunds über ihr zwanzigstes Lebensjahr hinaus, kaum jemand lebt mit seinen Großeltern zusammen. Junge Leute verlassen hingegen früh ihr Elternhaus, oft so früh, dass sie erst ganz anderswo und unter anderen Bedingungen als denen der Familie die Entwicklung ihrer Persönlichkeit abschließen.

Nun muss das nichts Schlimmes bedeuten. Im Gegenteil. Es ist doch nur sinnvoll, wenn junge Leute möglichst bald über den geistigen Tellerrand der eigenen Familie hinausblicken. Und warum soll es für Leute über Fünfzig nicht noch ein paar gute Jahre ohne Familienverpflichtung geben? Eigentlich profitieren doch beide Parteien von einer frühen Trennung.

Ja, mag sein. Aber was genau geschieht der Familie, wenn Sohn oder Tochter mit achtzehn für immer aus dem Haus gehen? In meinem Fall (und sicher nicht nur in meinem) kam es zu einer Art Stillstellung der Beziehung zwischen meinen Eltern und mir. Sobald der tägliche Kontakt abgerissen war, fehlten auf beiden Seiten die Anschauung und das Erleben der anderen. Was folgte, war ein Einfrieren des Kinder- wie des Elternbildes.

Im Bewusstsein meiner Eltern blieb ich dauerhaft der unfertige und unsichere Mensch, der noch so gar nicht Bescheid im Leben wusste, als er, gerade ausgewachsen, schon aus dem Haus ging. Einerseits mussten sie noch für mich sorgen, andererseits hatten sie jetzt kaum noch Einblick in meine Welt. Das heißt: Einerseits blieb ich das Kind, andererseits wurde ich fremd. Von daher finde ich es begreiflich, dass meine Eltern gar nicht so genau wissen wollten, was ich eigentlich trieb und was aus mir wurde. Mit Nachfragen hätten sie sich lächerlich machen und einen Autoritätsverlust erleiden können. So blieben sie lieber beim Altbekannten und deckten es über das unbekannte Neue. Wenn ich aus dem Studium nach Hause kam, kontrollierte mein Vater umgehend den Ölstand an dem kleinen Wagen, den er mir zum Abitur gekauft hatte. Meine Mutter fragte mich als erstes, ob ich wisse, wo ihre Schneiderschere sei; die hatte ich mir nämlich zu meinen Bastelzeiten als Junge gelegentlich unerlaubt ausgeliehen. Es war, als würden sie nicht mich, sondern nur Aufnahmen von mir in unseren alten Fotoalben anschauen und sich zugleich weigern, neue Aufnahmen einzukleben.

Ich selbst bin ganz ähnlich verfahren, indem ich ein eingefrorenes Elternbild in mein Erwachsenenleben mitgenommen habe. Die Eltern blieben für mich die Leute, die immer das Sagen hatten, die sich (im Gegensatz zu mir) im Leben auskannten und alles Wichtige im Griff hatten. Sie blieben die, mit denen man besser nicht argumentierte, weil sie unbeirrbar waren und sich nicht reinreden ließen, jedenfalls nicht von ihrem Sohn. Außerdem waren es kräftige und gesunde Leute. Nicht, dass sie das tatsächlich immer waren; aber es war ihre Aufgabe gewesen, sich um mich und meine Gesundheit zu kümmern, nicht andersherum. Außerdem hatte ich mich von meinen Eltern getrennt, als sie noch in ihren besten und aktivsten Jahren standen. Dass auch sie schwächer wurden, bemerkte ich kaum.

Doch meine Eltern und ich waren nicht nur »automatisch« durch unsere frühe Trennung auseinandergedriftet. Hinzu kam auf meiner Seite der explizite Wille, anders zu sein und anders zu leben als sie. Ich werde damals nicht der Einzige gewesen sein, der so gedacht und empfunden hat. Das Erwachsenwerden ist in unserer Kultur mittlerweile vielfach identisch mit einem Sich-Absetzen von den Eltern und ihrer Welt. Verbreitet gilt: Man wird, was man wird, indem man anders wird als seine Eltern.

Auch das war nun wirklich nicht immer so. Über Jahrhunderte und Jahrtausende definierten sich Kinder in aller Regel gerade nicht durch eine Abgrenzung von ihren Eltern, sondern im Gegenteil dadurch, dass sie genau das taten, was die Eltern getan hatten. Man nannte das, wenn ich nicht irre, Tradition. Die Kinder übernahmen den Bauernhof, den Handwerksbetrieb, später noch das Geschäft, die Fabrik oder die Praxis der Eltern. Heute hingegen ist das fast schon die Ausnahme. Nicht immer müssen dabei gleich so militante Generationskonflikte ausbrechen wie um 1968, als die Kinder mit ihren Eltern als den Protagonisten der Nazizeit abrechnen wollten. Vierzig Jahre später sind es vielleicht weniger die großen politischen oder weltanschaulichen Konflikte, die Eltern und Kinder trennen, doch immer noch definiert sich die jüngere Generation am liebsten durch das, was ihren Eltern am fremdesten ist. Momentan stehen dafür vor allem der Umgang mit digitaler Technik und das Leben in sozialen Netzwerken.

Anders zu sein und anders zu leben als meine Eltern, das war, als ich jung war und Pläne machte, vielleicht mein stärkster Antrieb. Meine Eltern verkörperten damals für mich ein Bewusstsein, für das nur zählte, was sich zählen ließ. Es ging ums Haben und Kriegen, um Geld und Sachen. Heute glaube ich, dass diese Fixierung auf Dingli-

ches und Äußerliches ein Vakuum in ihren Seelen gefüllt
hatte, das 1945 entstanden war, als sie aller ihrer Ideale ver-
lustig gingen. In ihrer Kindheit und Jugend waren sie vom
Nazismus mit pseudoidealistischen Glaubenssätzen voll-
gestopft worden; und da die sich als tödliches Geschwätz
erwiesen, wurde der spezielle Raum, den sie gefüllt hatten,
schlagartig geleert. Als Reaktion mieden sie neue politische
oder soziale Ideale und konzentrierten sich auf die Welt
der Dinge sowie auf die alten Sekundärtugenden wie Ordnung, Fleiß und Sauberkeit, die sie aus der Katastrophe
ihrer Jugend glaubten retten zu können.

Mir erschien dieser Pragmatismus meiner Eltern allerdings leer und selbstzweckhaft, ihre Autorität bisweilen
ohne echte Begründung. Eine Zeitlang versuchte ich als
Junge, die Ding- und Faktenwelt meiner Eltern und meine eigene, eher träumerische Welt zusammenzubringen.
So erzählte ich allen, ich wolle Erfinder werden und große
technische Revolutionen anstoßen. Der Erfinder war für
mich so etwas wie der Künstler unter den Pragmatikern.
Mit fünfzehn oder sechzehn sah ich dann ein, dass man,
mit den Worten des Schriftstellers Robert Musil, die Wirk-
lichkeitswelt und die Möglichkeitswelt nicht so leicht zur
Deckung bringen kann. Man muss sich wohl entscheiden.
Von da an wollte ich Schriftsteller werden, ein Wunsch,
den ich allerdings, solange ich zu Hause lebte, nicht laut
äußern konnte, ohne die schlimmsten Konflikte heraufzu-
beschwören.

Über dreißig Jahre später reiste ich zurück in mein Elternhaus aus einer Lebenswelt, die ich in bewusster Abgrenzung zu meinen Eltern gewählt und eingerichtet hatte.
Doch diesmal war ich im Elternhaus nicht mehr wie in
den Jahren zuvor ein leicht exotischer Gast, immer auf
dem Sprung, dorthin zu gehen, wo er sich so viel wohler

fühlte. Jetzt hatte ich hier vielmehr so existentielle Fragen zu klären wie die nach dem künftigen Aufenthalt meiner demenzkranken Mutter. Wie viel leichter wäre das nun gewesen, hätte es in der Zwischenzeit eine allmähliche Veränderung und Umkehrung der Verhältnisse gegeben! Hätte meine Mutter sich langsam in ihre neue Position als diejenige gefunden, die versorgt werden musste. Und wäre ich schrittweise vom abhängigen Kind zum Entscheidungsträger geworden.

Aber rein gar nichts davon war mit uns geschehen. Unsere Beziehung zueinander war eingefroren seit dem Tag, an dem ich aus dem Haus gegangen war, um nur noch als Übernachtungsgast zurückzukehren. Meine Mutter hatte nie wirklich erfahren, dass und wie ich erwachsen geworden war; ich hingegen hatte nie begriffen, dass und wie sie eine alte Frau geworden war. Folgerichtig saßen daher bei den großen, quälenden Debatten darüber, was jetzt werden solle, nicht eine hilfsbedürftige Frau Ende Achtzig und ein Mann Mitte Fünfzig einander gegenüber, sondern die kompetente und patente Mutter von 1970 und ihr unerfahrener, träumerischer Junge. Niemand hatte seine alte Rolle aufgegeben, geschweige denn eine neue akzeptiert.

Kein Wunder also, dass alle unsere Gespräche von einem geradezu grotesken Unterschied zwischen unserem Sein und unserem Sein-Wollen geprägt waren: Meine Mutter wollte auf Biegen und Brechen die Mutter und damit Autorität bleiben, zumal es ja um ihr Leben ging. Ich hingegen fühlte mich äußerst unwohl, ja völlig fremd in der Rolle des Organisators und Betreuers, in die ich nicht hineingewachsen, sondern die mir plötzlich zugefallen war. Meine Mutter wehrte sich mit Macht dagegen, mir zu vertrauen und meinen Ratschlägen zu folgen, war ich doch noch immer das Kind, das man gar nicht hatte ernst nehmen dürfen. Ich hingegen wehrte mich energisch dagegen, meine Mutter nun praktisch an Kindes statt anzunehmen und also auch zu behandeln wie ein Kind, was neben einer gewissen Entschiedenheit vor allem Behutsamkeit und Langmut erfordern würde. Bisweilen hätte ich mich gerne mit der Begründung, das sei doch einem Jungen nicht zuzumuten, einfach davongestohlen.

So geschah es immer wieder, dass sich die langwierige Diskussion darüber, was denn jetzt werden solle, unter der Hand mit all den Problemen und Animositäten auflud, die ungeklärt zurückgeblieben waren, als ich mein Elternhaus verlassen hatte. Kaum begannen wir zu reden, hatte ich das höchst unangenehme Gefühl, wieder zehn oder zwölf zu sein und so wie damals mit all meinen Argumenten und Überzeugungen auf dem verlorenen Posten eines Einzelkindes zu stehen, das sich immer der kompakten Mehrheit der Eltern gegenüber sieht. Natürlich wusste ich, dass mir nicht mehr die resolute Frau gegenüber saß, der ihre Position als Mutter einmal das Recht gegeben hatte, alles besser zu wissen, sondern ein hilfsbedürftiger Mensch, der sein Leben nicht mehr in den Griff bekam. Dennoch reagierte ich meistens trotzig und beleidigt, wenn ich hätte klug sein und schweigen sollen. Statt wie bei der Versorgung von kleinen Kindern möglichst still zu tun, was richtig ist, wollte ich höchst offiziell Recht bekommen. Mehr noch, ich wollte Lob für alle meine Bemühungen, was ungefähr so aussichtslos und verquer war, als hätte ich von meinem dreijährigen Sohn ein Lob dafür haben wollen, dass ich ihn sicher über die Straße gebracht hatte.

Bis heute weiß ich nicht, wie man das Abenteuer einer solch unfreiwilligen Zeitreise in die eigene Kindheit unbeschadet überstehen kann. Wie schafft man es, einen Menschen, von dessen Hand man sich vor über vierzig Jahren losgemacht hat, nun seinerseits an die Hand zu nehmen, um ihn gut durch sein Alter zu führen, und das, obwohl nun er es ist, der sich trotzig widersetzt? Ich habe selbst zwei Kinder großgezogen; doch gegenüber meiner kindlich gewordenen Mutter fühlte ich mich so hilflos und unsicher wie damals als Fünfzehnjähriger, als man mir die kleine Tochter meiner Kusine bei ihrer Taufe in den Arm legte.

Das Leben hatte so etwas wie einen Salto mortale rückwärts gemacht. Doch nicht nur das. Es wurden jetzt auch Türen und Schubladen geöffnet, die immer verschlossen geblieben waren. Plötzlich wurde es zwingend notwendig zu besprechen, was in unserer Familie niemand erwähnt hatte, weil es zu persönlich war, zu intim. Es ging jetzt um Vorlieben und Abneigungen, um Wünsche und Hoffnungen, um das, was man braucht, um glücklich und zufrieden zu sein – also um genau das, was wir immer tunlichst unter der Oberfläche der Dingwelt gehalten hatten. Kein Wunder also, dass uns nicht gelang, worin wir so gar keine Übung hatten.

Wie meine Mutter mich in dieser Zeit empfunden hat, kann ich nur ahnen. Jedenfalls wurde ich ihr erster, vielleicht sogar ihr einziger Adressat für alle Klagen und Beschwerden. Das liegt wohl so in der Natur von Familienbeziehungen: Gegenüber engen Verwandten ist man offener und achtet weniger auf Konventionen. Man verliert auch schneller seine Haltung. Ich fürchte allerdings, meine Mutter hat mich weniger als den Vertrauten betrachtet, dem man sein Herz öffnet, hingegen mehr als den Überbringer schlechter Nachrichten, wenn nicht gar als einen halbwegs bekannten Feind, gegen den man sich behaupten muss.

Schließlich war ich es ja, der jede ihrer Fassadenkonstruktionen anzweifelte und letztlich zum Einsturz brachte. Vor mir scheitere sie an einfachen Rechenaufgaben. Vor

mir offenbarte sich ihre zunehmende Gedächtnisschwä-
che, wenn ich im Gegensatz zu anderen Menschen in ihrer
Umgebung nachfragte und auf Antworten bestand, statt
Floskeln und Ausreden zu akzeptieren. Ich war es, der alle
ihre skurrilen Selbstdiagnosen energisch anzweifelte und
dabei von ihren Ärzten sowie von amtlichen Stellen auch
noch Recht bekam. Manchmal denke ich, dass ich in diesen Monaten einen Platz im Bewusstsein meiner Mutter
eingenommen habe, der ähnlich dem war, den bis zu seinem Tod mein Vater besetzt hatte. Ein guter Platz war das
leider nicht.

Und dann gibt es noch einen Punkt auf der Liste der
Erschwernisse im Verhältnis zwischen demenzkranken Eltern und ihren Kindern, den auch wir abarbeiten mussten. Es ist ein besonders heikler Punkt: Menschen, deren
Eltern dement und pflegebedürftig werden, stehen in der
Regel selbst bereits an der Schwelle zum Alter. Ihre eigenen Kinder verlassen vielleicht gerade das Haus, sie selbst
ringen um ein neues Lebenskonzept für die kommenden
Jahre; und ausgerechnet jetzt stoßen der Vater a.D. und
die pensionierte Mutter wieder zur Familie. Sie tun das als
uneinsichtige oder sogar aufsässige Schutzbefohlene. Überdies tun sie es als dauernd präsente Anschauungsobjekte
dafür, wie ein spätes Stadium des Alters aussehen könnte.
Da sieht man selbst gerade die Sechzig am Horizont auf-
scheinen; Pensionierung und Ruhestand, über Jahrzehnte
nichts als abstrakte Begriffe, werden zu gefährlich konkre-
ten Daten. Und ausgerechnet in dieser Situation soll man
sich nun mit dem Altern und Sterben der Eltern befassen.
Etwas lässig gesagt: Das passt nun gar nicht!

Wie auch in meinem Fall. Unser älterer Sohn war schon
2008 zu Hause ausgezogen. Für mich war das ein großer
Einschnitt in mein Leben. Als ich ihm beim Umzug in sein

Studentenzimmer half, wurde mir schmerzlich klar: Lange würde ich mich jetzt nicht mehr als Vater und damit als Mensch in der Lebensmitte definieren können. Demnächst würde ich jemand sein, der zumindest seine biologische Schuldigkeit getan hatte. Noch vor hundertfünfzig Jahren wäre ich jetzt aufs Altenteil und damit auf den Aussterbeetat gesetzt worden.

Dazu signalisierten mir bereits die ganz normalen, alterstypischen Ereignisse und Umstände, dass ich unwiderruflich ins (optimistisch gesprochen) letzte Drittel meines Lebens eintrat. Da waren zum Beispiel solche ärztlichen Diagnosen, die vornehm und beruhigend auf »normaler Verschleiß« lauteten, dabei aber nichts anderes bedeuteten als: »Du wirst alt. Schick dich drein. Dagegen kann man nichts machen.« Gelegentlich erschrak ich jetzt über Fotos, die von mir gemacht worden waren, ohne dass ich es bemerkt hatte, und auf denen ich, wie soll ich sagen, irgendwie verblichen aussah, oder vielleicht: existentiell erschöpft. Manchmal sah ich dieses gealterte Portrait von mir auch schon für Sekunden in Schaufensterscheiben oder im Badezimmerspiegel. Meistens gelang es mir dann, meine Gesichtszüge und damit mich selbst wieder zusammenzureißen; aber nicht immer.

Und eben jetzt, da ich begann, die ersten Erscheinungsformen des Alters an mir selbst kennenzulernen, wuchs mir die Aufgabe zu, mich permanent mit einer Spätphase des Alterungsprozesses zu befassen, und mit einer teuflischen dazu: der Altersdemenz. Meine Zeitreise führte also nicht nur zurück in meine eigene Kindheit, sondern auch nach vorn in mein eigenes Alter. Eben noch hatte ich mit den anderen jungen Eltern auf der Bank neben dem Spielplatz gesessen oder auf den kleinen Stühlen hinter den Schulbänken bei der Pflegschaftsversammlung. Stets waren unsere Kinder das Thema gewesen, ihre große, nach möglichst allen Seiten hin offene Zukunft – da plötzlich saß ich bei Ärzten, Psychiatern und Pflegern und redete mit ihnen darüber, wie man die letzten Jahre eines hochbetagten und mental schwer erkrankten Menschen einrichten sollte. Die Zukunft meiner Söhne war in gewisser Weise auch immer meine Zukunft gewesen: eine Landschaft, deren Grenze hinter dem Horizont lag. Im Zusammensein mit meinen Söhnen hatte ich den Glauben daran bewahren können, dass auch meine Zukunft noch ein weites und offenes Land war. Jetzt aber wurde meine Zukunft mehr und mehr okkupiert von der Gegenwart meiner Mutter: von ihrem Leben, um das die Demenz immer engere und immer schmerzlichere Grenzen zog. Ab jetzt war jeder zweite Gedanke: So könntest du selber enden!

Ich hatte also die Lebensfassade meiner Mutter nach und nach zerstört. Doch dabei war auch meine Fassade stark beschädigt worden, die Fassade von unbehelligter Vitalität und niemals endender Jugend, die wir Fünfziger so gerne nach außen zeigen. Der tägliche Umgang mit meiner Mutter brachte mein gefühltes und mein wirkliches Alter rasch zur Deckung. Ja, mehr noch: Manchmal fühlte ich mich jetzt viel älter als ich war.

Die Polin

Im Frühling 2012 trafen die Hiobsbotschaften meiner Mutter in immer kürzerer Folge bei mir ein. Hatte sie eine besonders schlechte Nacht gehabt, sah es oft so aus, als müsste sofort etwas Einschneidendes geschehen, umgehend, ohne irgendeine Verzögerung. Ich führte dann lange Telefonate mit den Nachbarn, mit dem ewig unzuständigen Pflegedienst und mit dem Arzt, der verständnisvoll war, aber weiter keine Initiative entwickelte. Vor allem führte ich am Telefon lange Debatten mit meiner Mutter. Wir besprachen das weitere Vorgehen, fassten Beschlüsse – doch es blieb, wie es war: Am Abend, spätestens am nächsten Morgen kündigte sie alle Absprachen wieder auf. Erinnerte ich sie dann an ihre Not und ihre Angst in der vergangenen Nacht, so sagte sie meistens, das liege lange zurück. Oder sie konnte sich gar nicht erinnern.

Meine größte Angst war die, meine Mutter könnte wieder stürzen, zum Beispiel nachts, wenn sie vom ersten Stock hinunter ins Wohnzimmer ging, weil sie sich dort sicherer fühlte. Dann hätte der gutgemeinte Plan, sie solle so lange wie möglich in ihrem Haus wohnen, sich am Ende als tödlich erwiesen. Es schien mir nachgerade ganz und gar unverantwortlich, meine Mutter weiter ohne dauernde Aufsicht zu lassen. Ich selbst aber konnte das nicht leisten, also bot sich in dieser Lage als letzte Rettung »die Polin« an.

Die letzte Fassade

Von der Polin war vor längerer Zeit schon einmal die Rede gewesen, und zwar ganz beiläufig. Jahre zuvor standen meine Mutter und ich bei einem meiner Besuche in meinem ehemaligen Kinderzimmer, da sagte sie, zu meinem großen Erstaunen: Gut, dass man dieses Zimmer habe, da könne dann später einmal die Polin wohnen.

Ich wusste damals nur ganz ungefähr, was gemeint war. Offenbar arbeiteten mittlerweile Frauen aus Polen als Rund-um-die-Uhr-Betreuerinnen bei deutschen Rentnern, natürlich zu Löhnen, die deutlich unter denen einer deutschen Pflegekraft lagen. Die Sache schien mir allerdings in einem schlechten Ruf zu stehen. Mit Sicherheit ging es doch um Schwarzarbeit. Außerdem empfand ich das Geschäftsmodell als politisch höchst inkorrekt: Sollten jetzt tatsächlich die Töchter und Enkelinnen derer, die 1939 von der Deutschen Wehrmacht überfallen worden waren, die greisen Okkupanten oder ihre Witwen für einen Sklavenlohn versorgen?

Aber ich will ehrlich sein. Ich hatte damals noch keine halbwegs konkrete Vorstellung davon, was mit dem hohen Alter meiner Mutter auf uns zukommen würde. Und so leistete ich mir noch ein kindliches Beleidigt-Sein. Am schrecklichsten fand ich nämlich die Vorstellung, dass eine fremde Frau mein ehemaliges Kinderzimmer bewohnen und den Haushalt in meinem Elternhaus führen sollte. Ich sagte das allerdings nicht laut; man äußert in unserer Familie nun einmal keine komplizierten Empfindungen. Stattdessen werde ich wohl gesagt haben, dass es doch andere, bessere Möglichkeiten geben müsse. Wie das Gespräch weiterging, habe ich vergessen. Vermutlich versiegte es rasch.

Seitdem war nun viel Zeit vergangen, und die Verhältnisse hatten sich vollkommen geändert. Ich war jetzt dankbar für absolut alles, was meiner Mutter würde helfen können. Sie hingegen war auf das Thema einer bezahlten Mitbewohnerin nicht mehr anzusprechen. Kurz zuvor war ihre Idee, eine etwa gleich alte, ebenfalls allein lebende Bekannte bei sich einziehen zu lassen, damit man einander helfen könne, schon im Ansatz an tausend Bedenken gescheitert. Als ich jetzt das Thema Polin aufbrachte, reagierte meine Mutter entsetzt. So eine Frau komme ihr nicht ins Haus! Damit war in dem großen Terrain unserer Auseinandersetzungen ein neues Spielfeld eröffnet.

Heute weiß ich, dass meine Mutter auf ihre Art und Weise Recht hatte, als sie sich gegen eine Mitbewohnerin wehrte. Fast fünfundvierzig Jahre lang hatte sie in ihrem Hause nach Belieben geschaltet und gewaltet, die letzten zwölf Jahre sogar ganz alleine, ohne sich mit irgendjemandem über irgendetwas absprechen zu müssen. Ich habe es ja schon gesagt: Das Haus hatte mittlerweile eine höchst ambivalente Funktion. Es mochte ihr Gefängnis und ihre Stolperfalle sein, zugleich war es ihre Schutzhülle, der Ort der letzten Selbstverständlichkeiten. Es mit jemandem zu teilen würde wahrscheinlich bedeuten, alles Vertraute neu definieren, alle Regeln neu diskutieren zu müssen. Um das zu leisten, muss schon ein gesunder Mensch einen beweglichen Charakter besitzen. Für einen Menschen mit beginnender oder gar fortgeschrittener Demenz dürfte eine solche Aufgabe auch unabhängig von seinem Temperament nur schwer zu lösen sein.

Doch das weiß ich jetzt, da das Desaster Geschichte ist. Damals habe ich nach dem Strohhalm gegriffen, was, zumindest von außen betrachtet, nie eine kluge Tat ist. In schier endlosen, sich nach kurzer Zeit wiederholenden Gesprächen versuchte ich damals meiner Mutter klarzumachen, dass niemand außer einer dieser besagten Polinnen bei ihr einziehen und sie bewachen könnte. Niemand sonst würde, auch nicht für eine kurze Zeit, sein ganzes Leben aufgeben, um rund um die Uhr für sie zu sorgen. Ganz abgesehen davon, dass wir uns einen solchen Dienst, wenn es ihn denn gäbe, niemals würden leisten könnten. Doch richtig verstanden hat meine Mutter das nie. Noch immer glaubte sie, es müsse eine Krankenschwester, besser noch einen Arzt ganz für sie alleine geben.

Schließlich einigten wir uns auf die Anstellung einer Polin. Das heißt, meine Mutter begriff, dass es eine andere Betreuung für sie nicht geben würde und nur die Polin eine Alternative zur Übersiedlung ins Altersheim war. Durch eine längere Recherche im Internet erfuhr ich unterdessen, wie breit das Spektrum der einschlägigen Dienste polnischer Frauen war. Es reichte offenbar von der reinen Schwarzarbeit, die über dunkle Kanäle oder durchs Weitersagen angeboten wurde, bis zur komplett legalen Dienstleistung, vermittelt durch zertifizierte Institute. Um bei einem so heiklen Unternehmen nur ja nichts falsch zu machen, wandte ich mich an eine Agentur, die ganz offensiv nicht nur mit ihrer Sachkompetenz, sondern auch mit ihrer absoluten Gesetzestreue warb.

Was folgte, war ein professionell organisiertes Verfahren. Es gab einen ausführlichen Fragebogen zur Erfassung der Situation und der besonderen Ansprüche; es gab mehrere intensive Beratungsgespräche am Telefon mit verschiedenen Mitarbeitern. Tatsächlich machte alles auf mich einen vollkommen seriösen Eindruck. Und mehr noch: Wie schon beim Gespräch mit der Leiterin des Altenheims hatte ich das sehr angenehme Gefühl, das man hat, wenn man mit Menschen redet, die die Situation kennen, in der man sich befindet, die einen ernst nehmen, die zuhören und die vor allem nicht gleich widersprechen.

Ich erinnere mich: Mir fiel damals auf, dass eine alte Dame aus unserer weiteren Nachbarschaft regelmäßig mit einer jungen Frau unterwegs war. Ich sah die beiden beim Einkauf im Supermarkt und auf Spaziergängen. Sie wirkten wie eine bürgerliche Variante der alten Großfürstin und ihres Hoffräuleins. Für die Konstellation sensibilisiert, erkundigte ich mich. Tatsächlich wurde die vermögende Witwe, die allein in einem großen Haus lebte, von einer jungen Polin betreut, die ihre Enkelin hätte sein können. Die beiden, so die Nachbarn, seien seit Jahren das absolute Traumpaar.

Kurz nachdem alle Formalitäten erledigt waren, erhielt ich Nachricht von der Agentur. Man habe glücklicherweise ganz schnell eine geeignete Kraft für uns gefunden, ich könne mich sogar zwischen zwei in Frage kommenden Damen entscheiden. Per Mail erhielt ich ihre Personalbögen. Beiden wurde darin attestiert, worauf ich besonderen Wert gelegt hatte: gute Deutschkenntnisse. Als ich dennoch darum bat, mit beiden vorher sprechen zu dürfen, hieß es, das sei kein Problem.

Bis zu diesem Zeitpunkt hatten die Kontakte mit der Agentur zu den wenigen Ruhezonen im dauernden Streit um die Zukunft meiner Mutter gehört. Doch das verwandelte sich jäh ins Gegenteil, als die beiden Polinnen zu einem Vorstellungsgespräch bei mir zu Hause eintrafen. Gefahren und begleitet wurden sie von einem jungen Mann, dessen Aussehen und Auftreten etwas Mafiotisches, wenn nicht Zuhälterhaftes hatte. Seine zentrale Qualifikation lag wahrscheinlich darin, dass er Polnisch sprach. Er gab sich als routinierter Geschäftsmann, doch seine Erscheinung und sein Auftreten weckten in mir die Sorge, dass es bei diesem Geschäftsmodell doch einen Unterstrom dessen gab, was ich damals so brüsk unterstellt hatte. Deutlich gesagt: dass es sich um die gegenseitige Ausbeutung von Menschen in Notlage handelte, um eine Art legalisierten Sklavenhandel zum allseitigen Vorteil.

Die beiden Frauen saßen auf der Vorderkante unseres Sofas im Wohnzimmer wie auf einer Casting-Couch. Und tatsächlich sollte ich ja eine auswählen, übrigens ohne zu wissen, was mit der Frau geschehen würde, die ich nicht engagierte. Ich überwand meinen Schrecken und redete mit ihnen. Das heißt, ich versuchte es. Der Angestellte der Agentur bemühte sich dabei nach Kräften, das Gespräch zu moderieren, besser, an sich zu ziehen, doch nach nicht einmal fünf Minuten war mir klar, dass keine der beiden Frauen für die anstehende Aufgabe geeignet war. Sie sprachen nämlich beide nur sehr schlecht Deutsch, die eine von ihnen eigentlich gar nicht.

Nun steckte ich in einer scheußlichen Zwickmühle. Einerseits würde ich mit einer falschen Hilfskraft, also mit einer, mit der sich meine Mutter nicht wenigstens problemlos verständigen könnte, wahrscheinlich eine Katastrophe anrichten. Andererseits hatte sich meine Mutter auf das Kommen einer Frau eingerichtet; und ich würde es wohl kaum fertigbringen, sie zu beruhigen, wenn sich die Sache weiter verzögerte. Ganz abgesehen davon, was passieren würde, wenn ich versuchte, meiner Mutter die wahren Gründe für eine Verzögerung zu erläutern. Also handelte ich wie ein kleiner Junge, der vergessen hat, was er erledigen sollte, und deshalb irgendetwas unternimmt, um seinen guten Willen zu beweisen. Ich entschied mich für die jüngere der beiden Polinnen.

Am 9. Mai, dem Geburtstag meiner Frau, war ich dabei, als die »Übergabe« im Haus meiner Mutter erfolgte, wieder durch den jungen Mann mit dem dezenten kriminellen Touch. Ich führte die junge Frau ins Wohnzimmer – und sah sie dort vollends mit den Augen meiner Mutter. Natürlich würde das nicht gutgehen! Was hatte ich mir bloß vorgestellt? Meine Mutter brauchte jemanden, der gleichzeitig Kompetenz und Güte ausstrahlen und sich dennoch wie ein Angestellter verhalten würde. Und nichts von alldem vermittelte diese Frau! Sie war viel zu jung, dünn wie ein kleines Mädchen und etwas nachlässig geschminkt, sie trug Jeans mit modischen Rissen auf den Knien, und man sah an den Fingern ihrer rechten Hand, wie stark sie rauchte.

Es wurde ein Debakel, noch viel schlimmer, als ich befürchtet hatte. Meine Mutter war vollkommen überfordert von der Aufgabe, einen Zugang zu der jungen Frau zu finden und sie in ihre Aufgabe einzuweisen. Anna hingegen, ich nenne sie jetzt so, wirkte teils verschüchtert, teils trotzig und kaum interessiert. Haben so vielleicht die jungen Frauen auf den antiken Sklavenmärkten ausgesehen, wenn sie sich in ein halbwegs akzeptables Schicksal fügten? Unbeteiligt und lethargisch, im Inneren aber voller Wut auf die, die von ihrer Not profitieren? Ach ja, und natürlich trat sofort ein, was ich befürchtet hatte: Meine Mutter, die schon Probleme bekam, wenn jemand in normaler Geschwindigkeit mit ihr sprach, verstand von Annas Deutsch so gut wie gar nichts.

Dieser 9. Mai war einer der schrecklichsten Tage in meinem Leben. Ich stand da zwischen den beiden Frauen, von denen die eine meine Mutter war und die andere meine Tochter hätte sein können, und ich stand wie in einem eisigen Vakuum. Dabei versuchte ich mir einzureden, das alles seien nur Anfangsschwierigkeiten, die man mit einer guten Moderation überwinden könnte. Doch schon als ich Anna ihr Zimmer zeigen wollte, brach der Konflikt offen aus. Meine Mutter nutzte dieses Zimmer, für das es seit unserer Familienzeit nie eine richtige Verwendung gegeben hatte und das infolgedessen gar keinen Namen trug, um dort morgens ihre Strümpfe anzuziehen. Die lagen in einem kleinen Schränkchen neben dem ansonsten ewig unbenutzten Fernsehsessel. Ich wollte die Strümpfe rasch ins Schlafzimmer räumen, aber davon wollte meine Mutter nichts wissen. Dass Anna ihre Privatsphäre brauche, war ihr nicht klarzumachen, so sehr regte sie bereits der mögliche Verlust einer einzigen Gewohnheit auf. Wir vertagten die Frage der Strümpfe.

Ich hatte Anna ein eigenes Handy besorgt, zusammen mit einem Spezialvertrag, der eine Flatline für Telefonate nach Polen vorsah. Zum ersten Mal flog so etwas wie ein Lächeln über ihr Gesicht, als ich ihr erklärte, dass sie umsonst nach Hause telefonieren könne. Doch das Lächeln verschwand sofort und kehrte nicht zurück. Und ich hatte dafür sogar Verständnis. Denn mehrmals musste ich Anna an diesem Nachmittag hinaus in den Garten bitten, um ihr das Verhalten meiner Mutter zu erklären. Allerdings reagierte sie auch auf beinahe alles, was meine Mutter sagte und tat, trotzig oder beleidigt.

Ich bin aus Anna nie wirklich schlau geworden. Sie hatte in Polen Abitur gemacht, doch irgendetwas in ihrem Leben musste schief gelaufen sein oder war vielleicht von Anfang an beschädigt. Schon seit einiger Zeit verbrachte sie ein paar Monate im Jahr mit Pflegejobs in Deutschland, um damit das Geld zu verdienen, von dem sie den Rest des Jahres in Polen lebte. Mehr gab sie nicht von sich preis, keine Ziele, keine Vorlieben, keine Träume. Mir kam es vor, als sei ihr Leben, das doch gerade erst begann, bereits ebenso perspektivlos wie das meiner Mutter.

Doch diese Ähnlichkeit machte die beiden natürlich nicht zu einem Team. Stattdessen überforderten und missverstanden sie einander. Meine Mutter war nicht in der

Lage, Anna tun zu lassen, wofür sie engagiert war, nämlich sie zu beaufsichtigen und zu versorgen. Stattdessen verhielt sie sich, als hätte sie einen unerwünschten und womöglich gefährlichen Besucher im Haus, den sie dauernd überwachen musste. Außerdem verkraftete sie die Einbrüche in ihre Gewohnheiten nicht. Das Haus und die immer gleichen Abläufe des Lebens darin waren ihr letzter Halt gewesen. Die unverrückbaren Dinge, die Möbel, die Wege von Zimmer zu Zimmer, das waren ihre letzten Gedächtnisstützen. Solange ich sie kannte, war meine Mutter auf Dinge und Oberflächen fixiert gewesen; natürlich um sie zu arrangieren und zu pflegen. Jetzt aber waren die Dinge zum Ersatz für die Strukturen des Bewusstseins geworden. Freilich mussten die Dinge dazu absolut stillhalten. So wie die Buchstaben stillhalten müssen, damit wir die Wörter ablesen können.

Doch nun standen Hausschuhe, wo sonst keine Hausschuhe gestanden hatten. In der Küche wurde wieder gekocht, was die Geräte und das Geschirr aus ihrer Museumsstarre in den Schränken springen ließ. Türen standen offen, Zeitschriften lagen herum, das Radio spielte – und das alles war, eben weil es eine Veränderung war, eine furchtbare Katastrophe. In dem stillen, einsamen Haus hatte sich meine Mutter gefürchtet, besonders in der Nacht. Doch nun, da es wieder einigermaßen lebhaft bewohnt wurde, war es für sie Tag und Nacht eine Quelle der Beunruhigung und der Verwirrung.

Es war auch erschütternd mitanzusehen, wie wenig meine Mutter noch imstande war, ein anderes Leben neben sich zu ertragen und zu akzeptieren. Was immer Anna machte, machte sie falsch, weil sie es anders machte, als meine Mutter es immer gemacht hatte. Darüber, dass man im Geschäft keine Plastiktüte kaufen dürfe, sondern eine Einkaufstasche mitnehmen müsse, brach ein gewaltiger

Streit aus, ebenso darüber, wo genau das Geschirr nach dem Spülen zu trocknen habe.

Anna ihrerseits wäre vielleicht imstande gewesen, einem körperlich eingeschränkten, aber geistig gesunden Senior den Haushalt zu führen, ähnlich wie das früher die Dienstmädchen taten. Doch mit einer Demenzkranken umzugehen war sie völlig außerstande. Sie argumentierte mit meiner Mutter und beschwerte sich lautstark, wenn Vereinbarungen nicht eingehalten wurden. Schon am zweiten oder dritten Tag drohte sie damit zu gehen. Dass meine Mutter Vereinbarungen gar nicht einhalten konnte, weil sie sie sofort wieder vergaß, begriff sie nicht, so oft ich es ihr auch erklärte. Überdies konnte sie komplexere Sachverhalte weder auf Deutsch noch auf Englisch ausdrücken. Wenn sie erregt war, tat auch ich mich schwer sie zu verstehen.

Der Spuk, und wahrhaftig, es war einer!, dauerte acht Tage. In diesen acht Tagen telefonierte ich fast stündlich mit Anna oder mit meiner Mutter, immer besänftigend, immer nach Kompromissen suchend und immer in dem klaren Bewusstsein, dass ich jetzt wieder etwas veranlasst hatte, das die Verhältnisse deutlich verschlechterte. Am siebten Tag nannte der Mann vom Essen-auf-Rädern-Dienst meiner Mutter gegenüber Anna eine polnische Schlampe, was meine Mutter mir sofort kolportierte, völlig entsetzt, so als hätte sie Aufschluss über eine schreckliche Tatsache erhalten. Da war das Unternehmen Polin endgültig gescheitert. Ich konnte dem Essen-auf-Rädern-Mann nicht einmal böse sein. Schließlich hatte er nur zerstört, was niemals hätte funktionieren können.

Am achten Tag war ich wieder bei meiner Mutter, um Anna, wie vorher abgesprochen, in eine andere Stadt zu fahren, wo die Agentur eine Art Sammelstelle unterhielt. Sie wäre auch mit dem Zug dorthin gefahren, aber ich wollte etwas tun, um mein schlechtes Gewissen zu entlasten. Das gelang freilich überhaupt nicht. Wir fuhren etwa eine Stunde, die meiste Zeit schweigend. Ich fühlte mich hundsmiserabel. Ich hatte nicht nur vor meiner Mutter versagt, dazu kam ich mir jetzt selbst wie ein Schlepper und Menschenhändler vor. Als Anna endlich den Wagen verließ, um an einem anonymen Wohnblock zu klingeln, war ich auf eine unangenehme Art und Weise erleichtert. Es fiel mir schwer, auch nur so lange zu warten, bis ich sicher sein konnte, dass ihr jemand öffnete.

Ich habe seitdem viele verschiedene Geschichten über »die Polin« gehört. Weitere Scheiternsgeschichten, mehr oder weniger dramatische, und auch etliche Geschichten des Gelingens, ja sogar welche, in denen von Güte, Wärme und großer Dankbarkeit die Rede war. Letztere Geschichten legen mir einen Maulkorb an, wenn ich die ganze Institution oder besser: das ganze Geschäftsmodell in Bausch und Bogen verdammen will. Man kann nicht die Medizin ablehnen, bloß weil ein Medikament nicht geholfen hat. Außerdem stand in unserem Fall von vornherein fest, dass es nicht helfen würde.

Freilich änderte das nichts an dem Umstand, dass Annas kurzer Gastauftritt die Beziehung zwischen mir und meiner Mutter auf einen neuen Tiefpunkt fallen ließ. Denn »die Polin« war ab jetzt die Erklärung für alles, was meine Mutter quälte, was sie nicht verstand, was sie verloren oder vergessen hatte. Von der Polin müsse sie sich jetzt, so sagte sie in jedem folgenden Telefonat, erst einmal erholen. Und da die Polin eindeutig auf meine Kappe gegangen war, war also vorläufig ich am Zustand meiner Mutter schuld. Ich habe am Telefon vor Wut gekocht, wenn ich das hörte; aber ich konnte nichts dagegen sagen, denn in gewisser Beziehung entsprach es der Wahrheit.

Der Umzug

Wir kamen gerade zurück von einer Kahnfahrt auf den Wasserwegen des Spreewalds, meine Frau und ich. Es war ein kühler Tag im Juni 2012. Wir hatten das Boot für uns alleine gehabt und die ganze Fahrt unter karierten Decken gesessen, unser wenig abenteuerlustiger Labrador sehr verhalten zu unseren Füßen. Zu meiner großen Freude hatte ich zum ersten Mal einen Biber in freier Wildbahn gesehen. Ein erstaunlich großes und trotz oder wegen seiner Putzigkeit irgendwie unwirkliches Tier. Auf dem Weg zurück zum Hotel klingelte mein Handy. Die Leiterin des Altersheims war am Apparat. Es sei jetzt ein Zimmer für meine Mutter frei. Ab sofort.

Steht man auf der Warteliste für ein Altersheim, muss man darauf gefasst sein, jederzeit das Signal zum sofortigen Übersiedeln zu bekommen. Die Zimmer werden in der Regel durch den Tod ihrer Bewohner frei. Doch der kündigt sich nicht immer an. Und selbst wenn er es täte, würde man als Kandidat auf der Warteliste darüber nicht informiert, aus verständlichen Gründen. Also war ich einerseits froh, dass der erhoffte Platz jetzt endlich zur Verfügung stand. Andererseits musste ich nun innerhalb weniger Tage die Übersiedlung meiner Mutter organisieren.

Ich beriet mich mit meiner Frau, wie ich das beginnen sollte. Schließlich rief ich meine Mutter an und sagte ihr ohne viel Vorrede, dass nun ein Zimmer für sie frei sei. Ich sagte das in jenem forciert begeisterten Ton, den ich als Junge angeschlagen hatte, wenn ich von einem Spielzeug berichtete, das ich gerne bekommen hätte. Ich sprach von großem Glück und wunderbarem Zufall. Gerne hätte ich mir die Ohren vor meinem eigenen Gerede verstopft; aber das ist ganz unmöglich, leider.

Tatsächlich ließ sich meine Mutter von meiner gespielten Begeisterung anstecken. Wir vereinbarten, dass ich mich von zu Hause wieder melden würde, damit wir alles Weitere besprechen könnten. Anschließend schaltete ich das Handy aus. Ich wollte wenigstens für ein paar Stunden in der ungestörten Vorstellung leben, dass jetzt endlich eine gute Lösung gefunden war.

Doch wer so handelt, der ahnt ja, was ihm wirklich bevorsteht. Die Nachricht vom freien Zimmer im Altersheim kam an einem Donnerstag, der Umzug meiner Mutter sollte genau eine Woche später stattfinden. Dazwischen lagen ein Besuch bei ihr und ein Dutzend, wahrscheinlich sogar noch mehr Telefongespräche, in denen die Diskussionen der letzten Wochen allesamt wieder geführt wurden und dabei furchtbar eskalierten. Tatsächlich konnte ich fast jedes Mal meine Mutter von der Notwendigkeit eines Umzugs überzeugen. Aber was nutzt eine Überzeugung, wenn sie nach kürzester Zeit vergessen ist!

Unfähig, sich vorzustellen, was eine Übersiedelung ins Altersheim bedeuten würde, war meine Mutter dem ausgeliefert, was man ihr gerade sagte. Führte ich all die guten, ja zwingenden Gründe an, die für das Altersheim sprachen, war auch meine Mutter sich sicher, es gebe keine andere Lösung. Aber es brauchte nur eine Nachbarin zu sagen, das sei ja schade, dass sie ausziehe, schon wollte meine Mutter wieder in ihrem Haus bleiben, egal wie das zu bewerkstelligen wäre.

Ich hatte mit der Leiterin des Altersheims darüber gesprochen, wie ich mich verhalten sollte. Ich sprach darüber auch mit jemandem in einer Beratungsstelle für Angehörige von Demenzkranken. Es hatte mich eine Menge Überwindung gekostet, dort um einen Termin zu bitten. Bislang hatte ich geglaubt, mein Leben ohne derartige Dienste meistern zu können. Tatsächlich verwendete ich Begriffe wie Beratungsstelle oder Selbsthilfegruppe fast ausschließlich in ironischen Kontexten. Doch die Belastung drohte zu groß zu werden, und das schlechte Gewissen in mir wurde so raumgreifend, dass ich nach einem Ventil suchte. Tatsächlich sagten dann die Heimleiterin und die Frau in der Beratungsstelle exakt dasselbe. Ich verkürze es auf das Wesentliche: Sie tun das Richtige. Lassen Sie sich nicht beirren. In einer anderen Sprache würde das heißen: Junge, zieh das jetzt durch!

Zieh das durch! Wie oft hatte ich nicht, als unsere Söhne noch klein waren, etwas »durchgezogen«. Schon das Wort Erziehung trägt ja eine derartige Vorstellung in sich. Tatsächlich bedeutet Erziehen oftmals, Regeln und Verhaltensformen gegen den Widerstand oder die Unkenntnis der zu Erziehenden durchzusetzen. Doch bei Kindern ist das lange Zeit überhaupt kein Problem und macht nun wirklich kein schlechtes Gewissen.

Man läuft nun einmal nicht über die Straße, wenn Autos kommen. Basta! Man fällt dem fremden Hund nicht um den Hals. Man isst nichts aus der Mülltonne. Man lässt sein Finger von Öfen und Bohrmaschinen. Man springt nicht in unbekannte Gewässer. Die ersten Elternjahre sind, wenn ich heute zurückblicke, geradezu eine Orgie von Anordnungen und Befehlen. Permanent setzte ich damals meinen Willen, meine Regeln und Vorstellungen gegen meine Kinder durch. Doch damals ließ sich ohne schlechtes Gewissen anordnen und durchsetzen, denn es war ja klar, wozu das diente: Einzig und allein dazu, kleine und unerfahrene Menschen davor zu schützen, sich selbst in Gefahr zu bringen.

Jetzt aber sollte ich meine eigene Mutter, deren elterliche »Befehlsbeziehung« zu mir eigentlich nie geendet hatte, aus ihrem Lebensraum herausreißen und in ein ihr unbekanntes Terrain verpflanzen. Natürlich zu ihrem Schutz, doch aller Wahrscheinlichkeit nach gegen ihren Willen, denn sie war ja gar nicht imstande, sich begründet und nachhaltig für einen Umzug zu entscheiden. Stattdessen erwuchs aus ihrer Vergesslichkeit der ewiggleiche Zweifel, der jede Entscheidung unmöglich machte.

Wir telefonierten, wie gesagt, mehrmals täglich. Um meine Mutter zu beruhigen, hatte ich mich darauf eingelassen zu versichern, dass die Übersiedlung ins Altersheim nur eine zur Probe sei und sie jederzeit in ihr Haus zurückkehren könne. Doch auch diese Lüge half wenig, denn meine Mutter vergaß sie sofort wieder, und manchmal war ich einfach nicht imstande, sie gut gelaunt zu wiederholen. Gelegentlich war ich vielmehr so geschafft und verzweifelt, dass ich das Telefon an meine Frau weitergab, in der Hoffnung, meine Mutter könnte das Wort ihrer Schwiegertochter höher schätzen als das ihres Sohnes. Doch auch wenn das vielleicht so war, es half ja nichts, da jede Diskussion immer wieder von Neuem ausbrach und jedes Argument, jede Sorge, jeder Zweifel aufs Neue vorgetragen wurden. Ich habe nicht mitgezählt, aber ich denke, dass meine Mutter den Umzug mindestens dreimal kategorisch absagte. Und auch das vergaß sie wieder, so dass Stunden später alles von vorne begann.

Am Tag vor dem Umzugstermin beendete ich eines unserer Telefonate, als meine Mutter der Übersiedlung gerade zugestimmt hatte. Danach nahm ich ihre Anrufe nicht mehr entgegen. Am Umzugstag selbst rief ich erst an, als ich schon beinahe bei ihr angekommen war. Es ging mir darum, jetzt endlich Tatsachen zu schaffen, auch wenn ich solche Tricks dazu anwenden musste.

Meine Mutter erwartete mich in einem Zustand stummer Auflösung. Sie hatte, wie vereinbart, nur einen Koffer mit dem Nötigsten gepackt, etwa so, als müsste sie für eine gewisse Zeit ins Krankenhaus. Wir hatten das immer wieder besprochen.

Ich erschrak, als ich sie sah. Ihre Haare hatte sie immer sehr kunstvoll toupiert getragen, doch weil sie die Gänge zum Friseur nicht mehr schaffte, waren sie seit Kurzem ganz schlicht frisiert. Das hatte sie sehr verändert. Zudem war sie unbeholfen geschminkt, was schrecklich aussah. Ich redete kaum mit ihr und vermied eisern jede Diskussion über das, was jetzt anstand. Stattdessen trug ich rasch den Koffer ins Auto und übernahm das altbekannte Ritual, vor dem Verlassen des Hauses alle Türen, Fenster und Lichtschalter noch einmal zu überprüfen. Was tatsächlich ein ganz einmaliger Vorgang war, musste unbedingt wie ein normaler Routinefall aussehen.

Dabei sollte es das letzte Mal sein, dass meine Mutter sah, was ihr immer das Wertvollste und Liebste gewesen war: Haus und Garten. Dies hier sollte ein endgültiger Abschied und Aufbruch sein, nach genau fünfundvierzig Jahren; und gerade deshalb gab ich mir solche Mühe, alles ganz und gar unspektakulär erscheinen zu lassen. Natürlich wollte ich damit meine Mutter schonen, ihr die Möglichkeit geben, Haltung zu bewahren. Doch mehr noch tat ich es, weil ich vollständig von der Angst erfüllt war, sie könnte sich noch im allerletzten Moment weigern, das Haus zu verlassen und zu mir ins Auto zu steigen. Denn dagegen wäre ich vollkommen machtlos gewesen, Aufenthaltsbestimmungsrecht hin oder her. Niemals wäre ich imstande gewesen, meine Mutter zu zwingen.

Ich habe diese Minuten erlebt wie das Finale eines schlechten Hollywood-Films. Wie immer, wenn es in unserer Familie um Wichtiges, besonders wenn es um Emotionales ging, wurde auch jetzt wieder standhaft geschwiegen; und diesmal war ich sogar der Initiator und Wächter dieses Schweigens.

Um wie viel schöner wäre es gewesen, hätten wir beide jetzt ganz bewusst Abschied genommen, meine Mutter von ihrem geliebten Haus und ich zumindest von meinem Elternhaus, was immer es mir auch bedeutet hatte. Es hätte ein rührender, vielleicht ein würdiger Akt sein können – aber wahrscheinlich nur in den kitschverdächtigen Träumen von einer besseren Welt. In dieser Welt hingegen, der real existierenden, ging ich bloß schweigend ein letztes Mal die leicht hysterischen Routinen des Hausabschließens durch, um anschließend meiner Mutter so etwas wie eine militärische Sicherheitsmeldung zu übermitteln. Und das in der Hoffnung, sie würde sich jetzt, wie sie es immer getan hatte, wenn das Haus erfolgreich verschlossen war, in einen Wagen setzen, den sie selbst nicht steuerte.

Was auch geschah. Ich vergaß beinahe, ihr beim Anlegen des Sicherheitsgurtes zu helfen, so eilig hatte ich es, den Motor zu starten und loszufahren. Denn damit war der entscheidende Schritt getan. Was immer jetzt noch passierte, ich würde nicht umkehren, meine Mutter würde ihr Haus und ihre Heimat niemals wiedersehen. Natürlich geschah das alles zu ihrem Besten. Dennoch fühlte ich mich wie ein schmieriger Betrüger, dessen Trick gelungen ist, woraufhin er, als Gipfel seiner Schäbigkeit, die Maske fallenlässt.

Wir redeten kaum ein Wort. Ein paar Mal sagte ich auf die entsprechende Frage meiner Mutter die Sätze, die ich in den letzten Telefonaten wie ein Mantra wiederholt hatte: Wir würden uns das Altersheim nur ansehen; alles sei zur Probe; wenn es ihr nicht gefalle, müsse sie nicht bleiben. Ich vermute, sie wird gespürt haben, dass ich es nicht ernst meinte. Aber ich saß auf dem Fahrersitz, also da, wo fast fünfzig Jahre lang mein Vater gesessen und sich von meiner Mutter nicht hatte reinreden lassen. Davon profitierte ich jetzt, ohne dass ich mich dadurch auch nur im Geringsten besser gefühlt hätte.

Hundertsiebzig Kilometer sind eine weite Strecke, besonders da ich befürchten musste, dass jede noch so kleine äußere Störung für meine Mutter zum Auslöser einer mentalen Krise werden könnte. Etwa drei Jahre zuvor, als es hinter ihrer Lebensfassade noch nicht so erkennbar kriselte, hatte mein Auto eine Motorpanne, just als ich sie zum Weihnachtsfest abholen wollte. Wir mussten eine Werkstatt aufsuchen und bekamen einen Ersatzwagen, mit dem wir die Fahrt fortsetzten. Eigentlich ein kaum erwähnenswerter Zwischenfall, doch diese Abweichung vom Normalen schockierte meine Mutter so sehr, dass sie fortan meine Angebote, sie zu Besuchen bei uns abzuholen, mit immer neuen Begründungen ablehnte. Das ging mir jetzt durch den Kopf. Ein Stau auf einer der vielbefahrenen Autobahnen durch das Ruhrgebiet würde sie womöglich in Panik versetzen. Doch ich hatte den Wochentag und die Uhrzeit für unsere Fahrt glücklich gewählt. In der denkbar kürzesten Zeit erreichten wir das Altersheim.

Dort wurden wir im Foyer empfangen, freundlich, aber auch ein wenig geschäftsmäßig. Meine Mutter bekam einen Blumenstrauß, den allerdings ich vorher gekauft und hinterlegt hatte. Damals war ich ein wenig gekränkt, später habe ich begriffen, wie wenig in einer solchen Stunde getan werden kann und dass jedes Bemühen womöglich das Gegenteil des Erwünschten zur Folge hat. Der Einzug in ein Altersheim ist für den Betroffenen nun einmal der endgültige Erweis seiner Kapitulation vor der Aufgabe, weiterhin ein selbstbestimmtes Leben zu führen. Da trösten Blumenstrauß und warme Worte wenig. Man rückt in ein Altersheim ein wie ein Soldat in die Kaserne oder ein Sträfling ins Gefängnis. Natürlich kann man das anders formulieren, weicher, aber das ändert nichts an der Sache: Im Altersheim zu leben, das bedeutet entweder, dass man selbst aufgegeben oder dass man dem Ansinnen eines Gegners nichts mehr entgegenzusetzen hat. Der Gegner ist natürlich immer das Alter, das mit Krankheit, körperlicher Beschränkung oder geistiger Verwirrung angreift. Aber die Vollstreckungsgehilfen des Alters vor Ort sind in der Regel die Söhne und Töchter, die einen zwingen, die Kapitulation zu besiegeln.

Hier war nun ich der Vollstreckungsgehilfe. Und ich fühlte keinerlei Triumph. Im Gegenteil, als wir im Aufzug, der sich mit Rücksicht auf die Insassen des Heimes unendlich langsam bewegt, hinauf in den dritten Stock fuhren, spürte ich nur die Niederlage. Eine Frau im Rollstuhl fuhr mit uns, von einer Pflegerin begleitet. Wir bogen in den Gang ein, meine Mutter war kaum imstande zu gehen. Eine Frau mit Rollator kam uns entgegen. Ich grüßte, sie grüßte nicht zurück, schaute durch uns hindurch. Die Tür zum Zimmer meiner Mutter stand offen. Wir traten ein.

Bislang hatte ich das Altersheim mit den Augen des kritischen Sohnes und Betreuers gesehen. Ich hatte den Schnitt und die Helligkeit der Zimmer überprüft, die Sauberkeit und den Geruch der Flure, und ich hatte alles als akzeptabel, wenn nicht gar als angenehm beurteilt. Doch jetzt ging mir auf, wogegen meine Mutter ihr großes Haus mit den penibel gepflegten Räumen und dem ordentlich gestutzten Garten eintauschte: gegen ein nicht allzu großes Zimmer, in dem sie fortan zu leben hatte und in dem nur ein winziger Teil ihres materiellen Besitzes Platz finden würde.

Und das war noch längst nicht alles! Außerdem tauschte sie ihre Trutzburg, in der sie sich fünfundvierzig Jahre lang vor so mancher Herausforderung des Lebens draußen hatte hüten können, gegen ein Haus, bewohnt von Menschen, die alle wie sie selbst vor dem Alter hatten kapitulieren müssen. In das Haus meiner Mutter waren bis zuletzt nur die Rüstigen zu Besuch gekommen, um ihr zu vermittelten, sie sei noch ganz die, die sie immer gewesen war. Die anderen, die das nicht mehr konnten, blieben aus, bis irgendwann die Nachricht von ihrem Tod eintraf. Meine Mutter hatte einen Großteil ihrer etwa gleichaltrigen Verwandten und Bekannten überlebt, die restlichen saßen wie sie selbst regungslos in ihren viel zu großen Häusern, riefen nicht mehr an und wurden auch nicht mehr angerufen, weil die Themen, über die man hätte reden müssen, zu traurig und zu peinlich waren.

Jetzt aber war meine Mutter mit einem Schlag unter ihresgleichen geraten. Fortan würde sie in der Gesellschaft von lauter Menschen nach der Kapitulation leben, von Menschen, die allerdings, obwohl sie so viel miteinander gemein haben, keine echte Gemeinschaft bilden. Ich hatte das gleich geahnt, als ich sie bei meinen ersten Besuchen im Altersheim gesehen hatten. Spätere Besuche und Gespräche haben es mir weitgehend bestätigt. Die einen sind ans Bett gefesselt, andere an den Rollstuhl, die einen hat ein Schlaganfall, andere hat die Demenz sprachlos gemacht. Ich hatte diese Menschen jetzt wiedergesehen, als ich gemeinsam mit meiner Mutter das Foyer betreten hatte, und seitdem sehe ich sie dort bei jedem Besuch: Kaum jemand ist im Gespräch, die meisten sitzen vereinzelt oder starren aneinander vorbei.

Und jetzt, da meine Mutter eine Insassin des Heimes wurde, sah ich diese Menschen auch durch ihre Augen. Das heißt, ich begriff, dass meine Mutter jetzt täglich in einen Spiegel schauen musste, in den zu sehen sie bislang immer erfolgreich vermieden hatte. Die anderen ihrer Generation waren einfach nur ausgeblieben und irgendwann gestorben; ihre Beerdigungen zu besuchen wäre zu anstrengend gewesen und unterblieb. Jetzt aber sah meine Mutter um sich herum lauter Menschen in einer Lage, die der ihren ganz ähnlich war. Und das musste ein unerträglicher Anblick sein! Ich habe das an diesem ersten Tag meiner Mutter im Heim geradezu körperlich so empfunden. Gerne hätte ich sie an den Spiegeln ihres eigenen Elends vorbei auf ihr Zimmer geschleust, aber das konnte natürlich nicht gelingen, und erst recht nicht auf Dauer.

An meinen Abschied von meiner Mutter an diesem Tag erinnere ich mich nicht. Es wird, nach mehreren Stunden äußerster Anspannung, eine Flucht gewesen sein; und wahrscheinlich habe ich mich dieser Flucht so sehr geschämt, dass ich die inneren Bilder davon getilgt habe.

Am folgenden Tag wurde ich früh ins Altersheim gerufen. Meine Mutter hatte einen Anfall erlitten, sie zitterte und weinte. Was sie dann sagte, hatte ich erwartet, es deckte sich ja mit meinem eigenen Schrecken vom Vortag: Hier leben nur alte und behinderte Menschen!, sagte sie. Und deren Anblick sei ihr unerträglich. Hier könne sie nicht bleiben! Ich müsse sie wieder nach Hause fahren. Auf der Stelle.

Nie zuvor in meinem Leben habe ich eine solche Schuld empfunden. Ich hatte meine Mutter nicht nur aus ihrem geliebten Lebensraum gerissen; ich hatte ihr auch drastisch vor Augen geführt, wer sie mittlerweile in Wirklichkeit war: ein alter, kranker Mensch, so hilflos wie die anderen Alten, die im Rollstuhl saßen oder mit einem Lätzchen vor der Brust an dem Tisch, an dem man gefüttert wurde. Der Anblick dieser Menschen war der schlimmste Angriff auf die Lebensfassade, die meine Mutter immer noch eisern aufrecht erhielt, während die Demenz ihr vorgaukelte, sie stehe vor einem intakten Gebäude.

Ich habe das damals endlich begriffen: Meine Mutter war in den letzten Jahren gar nicht alt geworden. Es war nur manches um sie herum verschwunden, ihre Verwandten, ihre Freunde, ihr Mann. Dass sie selbst eine andere geworden war, hatten ihr das Haus, ihre Hilfskräfte und vor allem ihre Demenz verschwiegen. Jetzt aber schoss mit äußerster Brutalität eine andere Lesart auf sie zu. Man wollte ihr offenbar nahelegen, sich selbst als alt und hilfsbedürftig zu begreifen. Was Wunder also, dass sie, nachdem sie zwanzig Jahre und länger ihr Alter geleugnet oder übersehen hatte, sich auch jetzt gegen diese Zumutung wehrte. Sie wollte zurück dahin, wo man nicht alterte und wo man nicht starb, in ihr Haus. Sie hatte die Leidensgeschichte meines Vaters vergessen, sie hatte auch vergessen, dass ihre eigenen Eltern in den Wochen und Monaten vor ihrem Tod bei uns gelebt hatten, hinfällig und pflegebedürftig. Nach dem Tod meines Vaters war meine Mutter vielmehr, mit freundlicher Unterstützung der Demenz, in eine Art Zeitlosigkeit, in ein niemals endendes Immerwieder geglitten. Und dahin wollte sie zurück. Dass sie dort nachts von Ängsten gepeinigt worden war und tagsüber die Orientierung verloren hatte, das hatte sie ebenfalls vergessen.

Ich redete vielleicht eine halbe Stunde auf meine Mutter ein, dann fuhr ich nach Hause und erlitt dort einen weiteren Anfall der Herzrhythmusstörungen, die mich in den vergangenen Monaten mehrmals in die Notaufnahme gebracht hatten, für die es allerdings, ohne dass mich das irgendwie beruhigt hätte, offenbar keine körperliche Ursache gab.

Die nächsten Tage vergingen ähnlich. Wenn ich nicht bei ihr war, rief mich meine Mutter an, um mir die Zumutung zu schildern, die das Altersheim für sie bedeutete. Heute weiß ich, dass ich sie hätte trösten müssen, wie man ein Kind tröstet, das nicht bekommt, was ihm definitiv schadet, Eis und Apfelsaft zusammen, ein Ritt auf einem viel zu großen Pferd, die Fahrt auf einer Achterbahn für Erwachsene. Trost ist das einzige, was hilft, wenn die guten Gründe unerträglich sind.

Aber ich konnte meine Mutter nicht trösten; und ich will hier keine Erklärungen oder gar Entschuldigungen dafür auffahren. Ich konnte es einfach nicht und verlegte mich stattdessen aufs Argumentieren. Die Rundum-Betreuung, die Anwesenheit kompetenten Personals auch in der Nacht, der Wegfall aller Sorgen um Haus und Termine, die Nähe des Krankenhauses, dem das Altersheim angeschlossen ist, all das musste doch schwerer wiegen als die Einschränkung des Lebensraums und die Gesellschaft der Alten und Kranken.

Aber das tat und tut es nicht. Nicht für den Demenzkranken, dem ein souveränes Abwägen zwischen Todesgefahr und Imageverlust kaum noch möglich ist, und wahrscheinlich auch nicht für einen geistig Gesunden. Denn was kann man nicht alles ertragen, wenn das Bild, das man von sich hat, zumindest subjektiv als unbeschädigt empfunden wird. Und was wird nicht alles zur Qual, wenn das Ich-Bild zerstört scheint. Wieder war die Situation hochgradig paradox. Ich hatte meine Mutter vor den tödlichen Gefahren des Alters retten wollen. Tatsächlich aber hatte ich sie sterbensunglücklich gemacht, weil jetzt ihr mühsam konserviertes Bild eines ewigen Nicht-Alterns zerstört wurde.

Und all dies war nicht mehr zu ändern. Das Heim war eine dringende Notwendigkeit. Jetzt, da ich Tag für Tag aus direkter Anschauung erfuhr, wie unendlich schwer sich meine Mutter mit der Eingewöhnung ins Altersheim tat, konnte ich erstmals vollends ermessen, wie es um ihre verbliebenen Fähigkeiten stand, ihren Alltag zu meistern. Hatte ich bislang noch Zweifel gehabt, bekam ich jetzt Gewissheit: Meine Mutter für sich selbst sorgen zu lassen, hieß sie der Lebensgefahr aussetzen. Im Nachhinein musste ich heilfroh sein, dass ihr zu Hause nichts Schlimmeres passiert war als der Sturz im Flur.

Dennoch redeten wir in den folgenden Tagen und Wochen über kaum etwas anderes als den Wunsch meiner Mutter, in ihre alten Lebensverhältnisse zurückzukehren. Meine traurige Rolle war es dabei, sie immer wieder an ihre Ängste zu erinnern, an ihre Schwierigkeiten bei der Bewältigung all der kleinen Alltagsdinge und so weiter und so weiter. Ich saß ihr gegenüber wie ein Anwalt des Alters, gegen den meine Mutter ihren Anspruch auf ein niemals endendes Leben in Stärke und Selbstbestimmung durchsetzen wollte. Man kann sich leicht eine schönere Rolle denken.

Um wenigstens gelegentlich aus diesem scheußlichen Rennen durch Sackgassen und Einbahnstraßen herauszukommen, tat ich, was bei uns immer üblich gewesen war, um Konflikte zu entschärfen: Ich konzentrierte mich und meine Mutter auf die Dinge und die Oberflächen. Das heißt, ich versuchte es. In mehreren Fuhren und über einen Zeitraum von etlichen Wochen holte ich von den Möbeln und Teppichen meiner Mutter das wenige, das sich in ihrem Heimzimmer unterbringen ließ, dazu ihre gesamte Garderobe, was nicht eben wenig war. Ich hatte gehofft, dass das Einrichten des Zimmers und das Einräumen und Ordnen der Bekleidung ihr Freude bereiten oder sie zumindest ablenken könnten; aber auch das war vergebens gehofft.

Denn die wenigen Möbel, die wir aufstellen konnten, verstärkten nur ihr Gefühl des Verlustes. Und das Einräumen der Kleidung führte zu nichts als Sorge und Verwirrung. Einmal aus dem großen Kleiderschrank genommen, in dem sie seit Jahren an ihren festen Plätzen verharrt hatten, waren die Blusen, Röcke, Hosen und Jacken meiner Mutter fremd geworden. Dennoch versuchte sie, ganz die ehemalige Schneiderin, zu jedem Teil die Geschichte seiner Herstellung oder seines Erwerbs zu rekonstruieren, natürlich vergeblich. Darüber wurde sie ganz panisch. Außerdem hatten nicht alle Teile Platz in den Schränken des Zimmers; und aus dem Bestand auszuwählen, was sie brauchte und was nicht, war sie nicht mehr imstande.

Doch obwohl ihr die Beschäftigung mit Dingen überhaupt keine Freude mehr bereitete, verlangte meine Mutter noch Wochen und Monate lang nach bestimmten Sachen, die in ihrem Haus zurückgeblieben waren. Ich hatte das vorhergesehen und daher akribisch alle Schränke und Schubladen von innen fotografiert. Wenn meine Mutter nun nach einem Teil fragte, suchten wir zusammen auf den Fotos in meinem Laptop nach dem Gewünschten. Doch auch das führte immer wieder zu nichts, allenfalls zu Aufregung und Klagen. Denn die Fotos sagten meiner Mutter kaum etwas mehr, sie erkannte nichts darauf wieder. Mir selbst erschienen diese Fotos allmählich wie die sarkastischen Arbeiten eines Künstlers, der es unternommen hatte, die unspektakuläre Hölle des Alterns zu fotografieren.

Der Umzug

Trotz ihrer Verwirrung, oder gerade deswegen, forschte meine Mutter stundenlang in ihrem Gedächtnis nach Gegenständen; dabei hatte sie für das allermeiste, was ich dann auf ihre Bitte brachte, gar keine Verwendung. Oder sie hatte vergessen, warum sie nach dem Gegenstand verlangt hatte, und schalt dann mit mir wegen des unnötigen Aufwands. Ich hatte inzwischen im Keller meiner Bürowohnung ein kleines Lager mit Sachen aus ihrem Besitz angelegt, die möglicherweise noch einmal in Betracht kommen könnten, vor allem Bilder, Vasen, Kerzenhalter und dergleichen. Ich spekulierte sogar darauf, sie gelegentlich mit einem Stück daraus überraschen zu können. Tatsächlich kam aber gar nichts in Betracht, und mit nichts habe ich sie je überrascht, denn ich wusste bald, es würden nur böse Überraschungen werden. Aus den Dingen, die sie geliebt und an denen sie sich festgehalten hatte, waren samt und sonders Überforderungen geworden, die man besser von ihr fernhielt.

Ähnliches galt für die Aufstellung ihrer Möbel. Ich hatte gehofft, sie würde Freude daran finden, sich neu einzurichten. Aber jetzt führten alle Überlegungen sofort in die Krise. Das Pflegebett durfte nicht ausgetauscht und wegen seiner Anschlüsse nicht verrückt werden. Es galt also, Kompromisse zu finden, doch das überforderte meine Mutter. Jahrzehnte lang hatte es für sie kaum etwas Schöneres gegeben, als ihre Zimmer umzuräumen und neu zu dekorieren, jetzt aber blieben die Möbel so stehen, wie ich sie schließlich aufstellte. Nichts wurde später wieder verrückt, obwohl wir immer wieder darüber sprachen.

Natürlich war es nicht zu vermeiden, dass meine Mutter sich in den Tagesrhythmus des Altersheimes einfinden musste. Und einzig hier gab es ein paar Lichtblicke. Die regelmäßigen Mahlzeiten, deren Zusammenstellung und

Reichhaltigkeit, auch die Hilfe beim Anziehen und Waschen sagten meiner Mutter zu und kamen ihr entgegen. Allerdings haderte sie sehr mit dem Umstand, dass jetzt so viele unbekannte und immer andere Menschen um sie herum waren. Neue Gesichter und Namen konnte sie sich nicht merken, wiederkehrende nicht als solche identifizieren. Wer kann, der mag sich vorstellen, wie sehr durch eine solch hochgradige Vergesslichkeit jedes Gefühl von Gewohnheit und Zuhause-Sein gestört wird.

Ich habe hier immer wieder von der Fassade gesprochen, die ein demenzkranker Mensch errichtet und pflegt, um sein einstürzendes Bewusstsein dahinter zu verstecken. Meine Mutter hatte damals schon mehrere Jahre Übung darin, andere Menschen möglichst nicht spüren zu lassen, wenn sie etwas nicht verstand oder nicht behielt. In der Trutzburg ihres Hauses war ihr das lange gelungen; ihre Hilfskräfte hatten dabei mitgespielt. Erst als das Personal vom Pflegedienst ins Haus eindrang, bröckelte die Fassade, erst recht, als die junge Polin dort einzog.

Jetzt, im Altersheim, schlug meine Mutter, wie nicht anders zu erwarten, dem Personal gegenüber wieder den »Alles in Ordnung«- und »Ich komme gut zurecht«-Ton an. Verstand sie etwas nicht oder hatte es vergessen, bat sie nicht um eine Wiederholung; erkannte sie jemanden nicht, fragte sie nicht nach. Natürlich tat sie es nicht, um sich keine Blöße zu geben. Daraus ergaben sich allerdings täglich Missverständnisse. Nun überspielen wir alle unsere Schwächen beim Erinnern. Und solange wir in der Lage sind, sie irgendwie auszugleichen, wird die Sache auch funktionieren. Ich zum Beispiel behaupte gelegentlich am Telefon, mich an eine Verabredung oder einen Termin zu erinnern. In Wahrheit habe ich ihn vergessen. Später befrage ich dann meinen Kalender und weiß wieder Bescheid.

Meine Mutter aber konnte nichts mehr ausgleichen, sie besaß keine Sicherungssysteme. Auf meinen Rat führte sie zwar seit Jahren einen Tageskalender, doch vergaß sie regelmäßig, wichtige Dinge darin einzutragen, oder sie verstand ihre eigenen Einträge nicht. Seit einiger Zeit hakte sie die Tage nur noch ab.

Ihr einziges Mittel, den täglichen Irritationen zu begegnen, bestand darin, sich die Zusammenhänge, die sie nicht verstand, selbst zurechtzulegen. So erklärte sie mir (und vor allem sich selbst) ständig die Abläufe im Heim und seine ökonomischen Grundlagen sowie die Absichten und Eigenheiten des Personals. Diese Erklärungen hatten freilich allesamt etwas Groteskes; mich erinnerten sie an die verschrobenen Untertanenfantasien in einem Obrigkeitsstaat. Wahrscheinlich trat in ihnen wieder die Zeit zum Vorschein, in der meine Mutter jung gewesen war, vor allem die Ohnmacht von Menschen in einem totalitären System. Und natürlich gelang es mir in den allerwenigsten Fällen, die komplizierten Fantasien meiner Mutter durch die einfachen Tatsachen zu ersetzen. Längst waren ihre eigenen Konstrukte stärker als die Realität.

Ich besuchte meine Mutter in den Wochen nach ihrem Umzug beinahe täglich, und jedes Mal gingen wir die Eckdaten ihrer neuen Existenz durch. Ständig war wieder zu klären, dass sie sich nicht in einem Krankenhaus befand, aus ihren Fenstern aber einen Blick auf das Krankenhaus hatte. Es gab im Heim auch keine Ärzte und keine regelmäßige Visite. Der für sie zuständige Arzt war jetzt mein Hausarzt, der sie schon mehrfach besucht und untersucht hatte, was sie allerdings jedes Mal sofort wieder vergaß. Eine Zeitlang versuchte ich, mir mit ihr zusammen die Namen der Pflegerinnen und Pfleger zu merken, doch auch das gab ich auf.

Und immer galt: Was meine Mutter aufregte, was sie nicht verstand, was sie verwirrte und ängstigte, jetzt lag es ausschließlich am Altersheim – und das Altersheim war, genau wie die Polin, meine Idee gewesen. Also musste ich, um in den dauernden Auseinandersetzungen meinen Hals zu retten, das Heim verteidigen. Wenn ich beweise, dass das Heim gut und alternativlos ist, dann beweise ich auch meine Unschuld am Zustand meiner Mutter. So dachte ich. Musste ich wohl denken, denn trösten konnte ich sie ja leider nicht. Schließlich wurde ich selbst das Heim. Doch wirklich auszuhalten war das nicht. Oft nahm ich nach dem Besuch bei meiner Mutter im dritten Stock nicht den aufreizend langsamen Aufzug, sondern die Treppe, nur um ein paar Sekunden eher draußen und in meinem Auto zu sein.

Der Abbruch

Eine Handvoll Romane, die ich gelesen habe, beginnt damit, dass erwachsene Kinder nach dem Tod von Vater oder Mutter das Elternhaus betreten, vielleicht nach vielen Jahren der Abwesenheit, um es vor dem Verkauf oder dem Abriss noch einmal zu sehen. Getragen werden diese Szenen durch starke Gefühle der Protagonisten, die reichen von der Trauer um die Toten bis hin zu nicht ausgelebten Rachegedanken. Im verlassenen Haus der toten Eltern umherzugehen, hier und da einen Schrank zu öffnen oder eine Schublade, das kann auch so etwas wie der ungestrafte und daher umso schäbigere Einbruch in ein anderes Leben sein, eine Grenzüberschreitung, womöglich sogar eine Grabschändung.

Und natürlich ist es eine Konfrontation mit der eigenen Geschichte. Hier in diesen Räumen war man einmal so selbstverständlich und alternativlos glücklich oder unglücklich; hier hat man erlebt, was unwiederholbar und unauslöschlich ist, leider oder zum Glück. Die Romane hatten mich darauf vorbereitet, dass so ein Gang eine Zumutung sein kann. Dennoch erlebte ich, zum ersten Mal alleine im verlassenen Haus meiner Mutter, was ich so nicht erwartet hatte. Es war vor allem das Gefühl, dass hier etwas, wie soll ich sagen: falsch gelaufen war. Ich bin mir unsicher, wie ich es ausdrücken soll. Vielleicht passt es, wenn ich sage, dass mir das Haus vorkam, als sei es nicht zur Ruhe gekommen.

Die Häuser und Wohnungen toter Menschen erzählen von einem Leben, das zu Ende gegangen ist. Das ist in aller Regel traurig, aber der Tod ist kein unbekanntes Phänomen, wir müssen damit leben. Wenn ihre Nachkommen die Häuser und Wohnungen der Toten ausräumen, so ist ihre Arbeit Teil eines notwendigen Abschließens, zugleich eine Einübung ins Unvermeidliche, der Übergang in eine Zukunft ohne die Verstorbenen. Das verlassene Haus meiner Mutter erschien mir jedoch gar nicht wie eine stille Hinterlassenschaft, sondern wie das sprechende Dokument eines Dahinsterbens zu Lebzeiten. Vielleicht darf ich sagen: Ich sah weniger das gelebte Leben und mehr die Demenz.

Das heißt, ich sah die Räume, wie meine Mutter sie zuletzt wohl gesehen hatte: als den Ort, der jahrzehntelang Schutz und Glück versprochen hatte und schließlich keinen Schutz mehr bot und nicht einmal mehr Hoffnung stiftete. Das Haus hatte seine Aufgabe nicht zur Gänze erfüllt. Vielmehr hatte es sich am Schluss ins Gegenteil dessen verwandelt, was es so lange gewesen war. Ich ging umher; und gerade weil ich wusste, wie sehr meine Mutter sich um jedes Detail in Haus und Garten bemüht hatte, erschienen mir diese Details jetzt als lauter Stücke aus einem großen Puzzle, das ihr unter den Händen zerfallen war.

Da war zum Beispiel der Garten. Jahrelang hatte meine Mutter ihn mir am Telefon oder bei meinen Besuchen schöngeredet, und ich hatte ihr immer nur blindlings zugestimmt. Jetzt endlich sah ich ihm an, wie sehr er ihr über den Kopf gewachsen war. Nicht, dass er verwildert gewesen wäre, wie man es vielleicht erwarten könnte. Nein, das nicht. Es war viel schlimmer: Die bis zuletzt akribisch be-

triebene Gartenarbeit erkannte ich jetzt als ein ebenso auf-
wändiges wie trauriges Rückzugsgefecht mit großen und
kleinen Kapitulationen.

Von der Terrasse hinab führten zwei Stufen zur Rasen-
fläche. Sie waren von einem riesigen Buchsbaumstrauch
bis auf einen schmalen Streifen überwuchert, so dass man
kaum noch sicher hinunter kam. Den Buchsbaum hätte
man vor Jahren schon mit einem energischen Schnitt zurück an seinen Platz am Zaun zum Nachbarn verweisen
müssen. Stattdessen war ihm meine Mutter nur noch mit
der kleinen Gartenschere begegnet, so dass er zwar an der
Oberfläche sauber und rund beschnitten war, sich aber wie
ein großes grünes Geschwür dahin ausgebreitet hatte, wo
er gänzlich fehl am Platze war. Um überhaupt noch halbwegs sicher hinunter zum Rasen zu kommen, hatte meine
Mutter an der freien Seite der Stufen schließlich ein Ge-
länder anbringen lassen. Es hatte viel Geld gekostet und
wirkte in etwa so passend wie ein Treppenlift im Flur.

Im hinteren Teil des Gartens war mit sehr viel Pflege
in Jahrzehnten eine regelrechte Wand von Rhododen-
drensträuchern gewachsen, am Schluss wohl über vier
Meter hoch und mit Stämmen, so kräftig wie die von Bäu-
men. Jahrelang hatten diese Rhododendren den Grund
für immer neue Begeisterung geliefert. Sie schirmten den
Garten nämlich gegen gleich zwei Nachbargrundstücke
ab, und im Frühling taten sie das mit einer mehrfarbigen
Blütenpracht. Ich hatte das so oft loben müssen, dass ich,
aus gut konserviertem Kindertrotz, beinahe gar nicht mehr
hinschaute. Im letzten Jahr nun hatte meine Mutter die
Rhododendren vom Gärtner auf Brusthöhe stutzen lassen,
einzig weil sie fürchtete, niemanden mehr zu haben, der ihr
die abfallenden Blätter und Blüten möglichst umgehend
vom Rasen harkte. Nun ragten die gekappten Stämme her-

vor, und über die Strauchreste hinweg schaute man in die kahlen Seiten der Bäume auf den Nachbargrundstücken.

Ich sah das von dem kleinen, niemals genutzten Balkon, zu dem mein ehemaliges Kinderzimmer einen Zugang hatte. Da lag dieser Garten, und er sah aus wie ein Grab, das man nur selten besuchen kann und das man daher so bepflanzt, dass es möglichst wenig Pflege braucht, um passabel auszusehen und keinen schlechten Eindruck zu machen.

Traurig war auch der Blick in die Schubladen. An mehreren Stellen hatte meine Mutter offenbar kleine Notfall-Zentralen eingerichtet. Dort lagen Medikamente, Taschentücher und Zettel mit Telefonnummern. Einige der Medikamente waren abgelaufen, einige Nummern mehrfach überschrieben. Besonders deprimierend waren das Nähzimmer im Keller und die Küche, also die Räume, in denen meine Mutter einmal die meiste Zeit verbracht hatte. Im Laufe der letzten Jahre waren sie nach und nach stillgelegt worden. Dazu hatte meine Mutter alles, was sie nicht mehr in Gebrauch nehmen konnte, weil sie dazu nicht mehr in der Lage war, sorgfältig abgedeckt und dekoriert. Über der Nähmaschine, an der sie Tausende von Stunden verbracht haben musste, lag eine Samtdecke mit Brokatrand. Auf dem Schneidertisch war eine Krippe aus Tonfiguren aufgebaut, und selbst auf dem Rost des Gasherds in der Küche stand eine große Schale mit künstlichem Obst. Auch hier, wie im Garten: lauter Gräber eines Lebens, das schon zu Lebzeiten in Teilen beendet worden war. Ich war sehr versucht, all diesen Grabschmuck sofort abzubauen und wegzuwerfen.

Dennoch habe ich fast ein Jahr damit gezögert, das Haus meiner Mutter zu verkaufen. Ich brachte ich es einfach nicht über mich, ich wollte nicht einmal daran denken. Stattdessen ließ ich zu, dass das Haus ein zentraler Gegenstand unserer Gespräche blieb. Das war ganz sicher ein großer Fehler. Denn einerseits konnte sich meine Mutter schon bald nach der Übersiedlung ins Altersheim kaum mehr an das Haus erinnern, andererseits blieb ihre Sorge um seinen Unterhalt. Mit anderen Worten, sie sorgte sich jetzt aus der Entfernung um etwas, das sie gar nicht mehr kannte. Entsprechend diffus waren unsere Gespräche. Ich fuhr regelmäßig zum Haus, um nach dem Rechten zu sehen, und erstattete darüber, ganz der gute Sohn, ausführlich Bericht. Den verstand meine Mutter zwar nicht, klammerte sich aber an die vage Vorstellung, irgendwann, wenn ihr seltsamer Zustand sich gebessert hätte, wieder in das mittlerweile unbekannte Haus und ihr altes Leben zurückkehren zu können. Als ich endlich einsah, dass die Existenz des Hauses meine Mutter nur quälte, war viel Zeit vergangen, die für ihre Eingewöhnung ins Altersheim verloren war.

Der Verkauf des Hauses verlief dann schnell und unproblematisch, soweit es das Organisatorische betraf. Dass ich als Betreuer und Vermögensverwalter meiner Mutter jeden Schritt genehmigen lassen musste, mag lästig gewesen sein. Doch ich habe es ja schon gesagt: Die Regeln des Betreuungsverfahrens dienen sämtlich dem Schutz des Betreuten und sind von daher sinnvoll. Besonders gefreut hat mich, dass eine junge Familie das Haus kaufte und es so zumindest einige Jahre lang wieder ein Zuhause auch für Kinder ist. Das könnte, wenn man das so sagen darf, dem Haus vielleicht guttun.

Mit dem Verkauf des Hauses kam allerdings auf mich die Aufgabe zu, nach einem Verbleib für den gesamten Hausrat zu suchen. Meine Mutter hatte ja nur wenig mitnehmen können, dessen Fehlen man kaum bemerkte.

Die letzte Fassade

Ansonsten waren die Zimmer unberührt. Das Haus war vollständig und intakt; man hätte sofort einziehen können. Doch das wollten die Käufer natürlich nicht, einzig die von meinem Vater eingerichtete Bar im Keller sollte erhalten bleiben.

Also kontaktierte ich einschlägige Unternehmen, doch ich erhielt nur die Bestätigung dessen, was ich befürchtet hatte: Der gesamte Hausrat meiner Mutter war unverkäuflich; all die Dinge, mit denen sie in viereinhalb Jahrzehnten ihr Leben so ausgestattet hatte, wie es ihr gefiel, und die sie bis zuletzt gepflegt hatte, waren praktisch Müll. Die Möbel, zum großen Teil schon in den siebziger Jahren angeschafft, würde niemand haben wollen, sämtliche Küchen- und Elektrogeräte waren so veraltet, dass sie teilweise bereits als unsicher galten; das Geschirr war unvollständig und entsprach keinem herrschenden Geschmack. Selbst der Flohmarkthändler, dem ich am Telefon schilderte, worum es ging, kam nicht einmal vorbei, um die Dinge zu besichtigen. Und sogar die Orientteppiche, für die meine Eltern vor Jahren viele Tausend Mark bezahlt hatten, fanden keinen Interessenten. Der Markt dafür sei völlig zusammengebrochen, sagte man mir so oft, dass ich es am Ende glauben musste. Schließlich gelang es mir durch eindringliche Bitten, ein paar Nachbarn und Bekannte dazu zu bewegen, die Waschmaschine, einen völlig unbenutzten zweiten Herd, eine Kühltruhe und die Mikrowelle abzuholen. Ob sie wirklich Verwendung dafür hatten, weiß ich nicht. Vielleicht taten sie es vor allem, um meiner Mutter das Gefühl zu geben, sie könne noch jemandem Gutes tun.

Ein besonderes Kapitel war die Nähmaschine. Meine Mutter hatte sie in den fünfziger Jahren gebraucht gekauft. Es war ursprünglich ein Gerät mit altmodischem Fußantrieb, an dem meine Mutter lange festgehalten hatte, weil sich damit, wie sie sagte, exakter arbeiten lasse. Erst später war ein Elektroantrieb nachgerüstet worden. Natürlich lag ihr die Maschine besonders am Herzen. Tatsächlich war sie ja ein wertvolles Stück; schließlich waren an ihr all die Dinge entstanden, die meine Mutter so geschätzt und mit denen sie eine Zeitlang sogar den Haushalt finanziert hatte. Jetzt aber musste ich ihr die furchtbare Botschaft überbringen, dass für diese Maschine niemand zu begeistern sei: technisch völlig veraltet und daher uninteressant für einen Benutzer, nicht alt und unverbaut genug, um sie als Ausstellungsstück zu benutzen.

Die Diskussion um den Verbleib der Nähmaschine war auf eine gewisse Art und Weise ein Lehrstück über die Veränderung des Denkens unter dem Einfluss der Demenz. Für meine Mutter stellte die Maschine einen hohen emotionalen Wert dar, gut nachvollziehbar, besonders für mich, der ich ihre Geschichte so gut kannte. Dass die Maschine gleichzeitig keinerlei Zeitwert hatte und niemandem mehr dienlich sein konnte, sah meine Mutter allerdings nicht ein, wie oft ich es ihr auch zu erklären versuchte. Es war, als hätte ich versucht, einem kleinen Mädchen zu erklären, dass ihr geliebtes Kuscheltier für andere Leute bloß ein wertloses, unappetitliches Stück Stoff ist. Nur gut, dass man kleinen Mädchen so etwas in der Regel nicht erklären muss und dass es, wenn sie es eines Tages von selbst begreifen, nicht mehr allzu weh tut. Meine Mutter aber schmerzte die Entwertung ihrer Nähmaschine über die Maßen. Ihr so sehr beeinträchtigter Verstand war einfach nicht mehr in der Lage, ihrem gekränkten Herzen beizustehen. Und weil sie jeden Tag wieder vergaß, wie die Dinge standen, kränkten sie die Nachrichten über die Maschine jeden Tag aufs Neue. Als es mir schließlich in allerletzter Minute gelang, doch noch jemanden zu finden, der sie abholte, kam die gute Nachricht gegen den Schmerz nicht mehr an, auch wenn ich sie, wie alles, täglich wiederholte.

An einem Tag im April 2013 vollzogen die Männer einer Firma für Haushaltsauflösungen den letzten Akt in diesem Trauerspiel. Ich beobachtete sie dabei über mehrere Stunden, schon im Interesse des neuen Besitzers und weil noch viele Fragen zu klären waren. Dabei war es eigentlich immer dieselbe Frage: Kann das weg? Und die Antwort lautete in fast allen Fällen: Ja.

Die Männer arbeiteten sehr effektiv. Kein Teil nahmen sie in die Hand, ohne vorher geklärt zu haben, wohin genau es gehörte. Indem sie unmittelbar vor Ort eine Trennung nach Materialien vornahmen, verwandelten sie den gesamten verbliebenen Besitz meiner Mutter in Müll, noch bevor er auf irgendeiner Deponie landen konnte. Es mitanzusehen war grausam. Die Schmuckarrangements aus Figuren, Zinnbechern, Kerzenständern und Trockenblumen, die auf Schränken und Fensterbänken standen, jahrelang immer wieder neu arrangiert, bis sie schließlich unberührbar geworden waren, verschwanden, nach ihren Materialien getrennt, in großen, kompakten Säcken aus einem unzerreißbaren Material. Alles Porzellan wurde gleich zerschlagen, damit es weniger Platz wegnahm. Dasselbe galt für das Prunkstück des Wohnzimmers, den halbhohen Eichenschrank, der fast die ganze Stirnwand einnahm. Seine Türen wurden herausgerissen, der stabile Korpus an Ort und Stelle zerschlagen, so dass die Teile im dafür vorgesehenen Lastwagen des Teams ganz erstaunlich wenig Platz einnahmen. Nur die Sessel und das Sofa mussten im Ganzen durch das Wohnzimmerfenster in den Vorgarten gehoben werden. Als das Team der Haushaltsauflöser seine Mittagspause machte, saßen die Männer darauf und aßen ihr mitgebrachtes Essen. Ich hätte sie ohrfeigen mögen.

Ihr einziges Werkzeug war übrigens ein Kuhfuß mit gespaltener Klaue. Damit zerschlugen sie Möbel und Porzellan, rissen Schranktüren aus den Scharnieren und sogar Schrauben mit ihren Dübeln aus der Wand. Als ich protestierte, belehrten sie mich. Die leicht kraterförmigen Löcher, die man so zurücklasse, seien besser auszuspachteln als die schmalen, die blieben, wenn man die Dübel sorgfältig entferne. Wahrscheinlich hatten sie damit Recht.

Bis zum Nachmittag dauerte es, da war das Haus in den Zustand zurückverwandelt, in dem ich es zuletzt im Juni 1967 gesehen hatte. Damals hatte ich an einem gewöhnlichen Wochentag unsere alte Wohnung verlassen, um nach der Schule mit dem Bus einer anderen Linie zurück in einen anderen Vorort und zum neuen Haus zu fahren, wohin mir unterdessen unsere Möbel vorausgezogen waren. Jetzt waren alle Räume wieder so leer wie unmittelbar vor diesem Umzugstag. Nach fast sechsundvierzig Jahren sah ich das Haus wieder so, wie es die Baufirma meinen Eltern übergeben hatte. Es war wie entkernt, seine Geschichte war aus ihm heraus geschält, und damit war es frei geworden für alle seine zukünftigen Möglichkeiten. Ich ging darin umher, und ich fühlte mich, als wäre ich wieder der kleine rothaarige Junge, von dem niemand wissen konnte, was für ein Leben auf ihn wartete. Ich machte ein paar letzte Fotos, saß noch kurz auf der Terrasse und fuhr nach Hause.

Die Erlebnisse am Tag der Haushaltsauflösung waren für mich der letzte Anstoß, häufiger als bisher spezielle Geschichten für meine Mutter zu erfinden. Bislang hatte ich ihr noch meistens die Wahrheit gesagt, aus dem treu bewahrten Kinderglauben, dass das Lügen verboten ist und unter Strafe steht, weil es immer der falsche Weg ist. Meine Lüge, der Umzug ins Altersheim geschehe nur auf Probe, brannte mir daher noch im Herzen. Doch niemals hätte ich meiner Mutter wahrheitsgemäß schildern können, wie der dingliche Teil ihres Lebens vernichtet worden war. Stattdessen entwarf ich jetzt die Geschichte des Hausverkaufs je nach Bedarf neu. Wann immer meine Mutter fragte, was aus dem oder jenem Teil geworden sei, erzählte ich ihr, dass ich es weggegeben oder der Käufer es übernommen hätte. Allerdings brachte meine Mutter nach dem Verkauf nur noch selten die Rede auf das Haus. Es kam mir vor, als wäre damit die Leine zu einem lecken Boot, das sie hinter sich her schleppte, endlich gekappt, so dass es versinken und sie nicht mehr stören konnte. Ich hätte diese Leine viel früher kappen sollen.

Das Jetzt

Während ich dies hier schreibe, jährt sich der Umzug meiner Mutter ins Altersheim zum dritten Mal. Es ist, könnte man sagen, seitdem nichts Besonderes mehr geschehen; aber das ist nur so lange richtig, wie man auf die Oberfläche schaut. Dort hat sich tatsächlich wenig verändert. Meine Mutter lebt noch im selben Zimmer, ihre Möbel stehen am selben Platz, dieselben Bilder hängen an der Wand. Auch ihr körperlicher Zustand ist, abgesehen von der Demenz, weitgehend unverändert und, gemessen an ihrem Alter, recht gut.

Allerdings schreitet die Demenz mit etwa derselben Geschwindigkeit voran, mit der sie das in den Jahren zuvor getan hat. Und das bedeutet: Nichts im Leben meiner Mutter ist irgendwie sicher oder auch nur für kurze Dauer geklärt. Im Gegenteil. Ihre geistigen Kräfte lassen langsam, aber beständig nach. Und so ist ihr Leben eine ständige Abfolge von immer neuen Überforderungen und Verwirrungen. Die meiste Zeit, nein, eigentlich immer, Tag für Tag, Stunde für Stunde, leidet sie an den Einschränkungen und Unfähigkeiten, die ihr die Demenz beschert. Mal begleitet sie dieses Leiden wie ein unangenehmer, aufdringlicher Hund, den man vielleicht noch ignorieren kann; manchmal aber überfällt es sie wie ein aggressives Raubtier. Sehe ich ihre Nummer im Display meines Telefons, so kann ich sicher sein, irgendetwas ist gerade wieder aus dem Ruder gelaufen. Sie meldet sich dann mit einer Stimme, die gleich vermittelt, dass ihre ganze Welt vom Zusammensturz bedroht ist; und oft dauert es Tage, bis eine solche Krise überwunden oder einfach vergessen ist.

Sicher gibt es Stufen oder Formen der Demenz, da der betroffene Mensch vollständig in eine ganz eigene, innere Welt gleitet, die ihm selbst real und plausibel erscheint, mag sie auch noch so sehr von der Realität der anderen abweichen. Dann sieht und hört er wohl Dinge, die andere nicht wahrnehmen, stellt Beziehungen an, die für andere nicht existieren, oder gibt den Dingen neue, eigene Namen – und tut all dies womöglich, ohne unter der Differenz zwischen seiner und der Welt der anderen besonders zu leiden.

Ich bin seit Jahren darauf gefasst, dass auch meine Mutter diesen Schritt in eine andere Welt tut; und ich weiß nie, ob ich mich davor fürchten oder ob ich diesen Moment herbeiwünschen soll. Fürchterlich wäre es natürlich, wenn meine Mutter mich einmal nicht mehr erkennen würde; andererseits wünschte ich ihr sehr, dass ihr Leiden an ihrem Zustand einmal ein Ende nehmen würde, wie immer sich das auch darstellte.

Tatsächlich gab es im Oktober 2014 einen Tag, da sie, als ich sie besuchte, ganz merkwürdige und entlegene Dinge mit mir besprechen wollte. Ohne vorher darüber nachzudenken, fragte ich sie, wer sie denn glaube, dass ich sei? Ihre Antwort: Mit solchen Quizfragen solle man sie doch bitte nicht unter Druck setzen.

Das hieß: Sie wusste nicht mehr, wer ich war. Ich erklärte ihr alles und verließ sie eine Viertelstunde später, sehr aufgewühlt und mit einem Gefühl, ähnlich dem, das ich am offenen Sarg meines Vaters hatte. Doch das Ereignis blieb eine einmalige Episode. Beim nächsten Besuch wusste meine Mutter wieder, wer ich war; und dabei ist es bis heute geblieben. Die Menge dessen, woran sie sich erinnert, wird zwar immer kleiner, ebenso die Zeitspanne, in der sie etwas Aktuelles im Gedächtnis behält, doch ein innerer Kreis des Bekannten und Vertrauten bleibt offenbar stabil, und dazu gehören noch immer ich und, mit ständig größer werdenden Einschränkungen, meine Frau und unsere Kinder.

Doch das ist keineswegs nur ein Segen. Denn zu den Dingen, die meine Mutter gut erinnert, gehört vor allem sie selbst als der aktive Mensch mit Interessen, Vorlieben und einem gewissen Wirkungskreis, der sie über siebzig Jahre lang war. Dieser Mensch ist meiner Mutter noch ganz präsent, und ein Großteil ihres täglichen Leidens rührt daher, dass sie zwar bemerkt, wie ihr die Fähigkeiten dieses Menschen mehr und mehr abhandenkommen, aber keine Erklärung dafür findet, warum das geschehen kann.

Dutzende Male habe ich mit meiner Mutter das immer gleiche Gespräch geführt. Du bist sehr alt geworden, habe ich ihr vorsichtig zu erklären versucht, viel älter als deine Verwandten, und im hohen Alter funktionieren manche Sachen nicht mehr so wie früher. Es ist normal, dass du dies und das nicht mehr ohne Hilfe und vieles sogar überhaupt nicht mehr kannst. Die Knie machen nicht mehr alles mit, man wird kurzatmig, und der Kopf wird eben auch etwas schwächer. Sorge dich also nicht darum. Du bist gut versorgt. Versuche es zu akzeptieren. Es gibt ja keine Alternative.

Aber das hat nie geholfen. Denn immer wirft sich die Demenz vor die Wahrnehmung des Verfalls und verhindert die Einsicht in seine Gründe. Lange Zeit hat meine Mutter ihr Alter übersehen oder verdrängen können, jetzt fehlt ihr schlicht die geistige Kraft, es zu verstehen oder gar zu akzeptieren. Ich stelle mir vor, jeden Morgen wacht sie als eine agile Mittfünfzigerin auf, um dann Minute für Minute zu erleben, dass sie mit Dingen und Gegebenheiten nicht zurechtkommt, die ein anderer Teil ihrer selbst noch immer für alltäglich und leicht zu beherrschen hält.

Und nichts und niemand kann ihr diese Diskrepanz erklären. Stattdessen muss sie erleben, dass man sie, wenn es ganz schlimm kommt, sogar für verrückt hält. Da geschehen zum Beispiel merkwürdige Dinge am Himmel, es gibt unangekündigte Verdunkelungen oder Beleuchtungen, die Zeit wird mehrfach willkürlich umgestellt, und ihre Mahlzeiten werden vertauscht oder bleiben aus. Doch da sie einmal den Mut findet, eine Flurnachbarin nach dem Grund für diese Unregelmäßigkeiten zu fragen, wird sie von der knapp und unfreundlich beschieden.

Die sagt, ich wäre verrückt!, kolportiert mir meine Mutter bei meinem nächsten Besuch die Unverschämtheit der Nachbarin. Aber sie sei doch nicht verrückt! Sie wisse doch, was sie gesehen habe.

Ich bin doch nicht verrückt! Mit diesem Satz distanziert sich die geistig gesunde Person, die meine Mutter die allermeiste Zeit ihres Lebens war, von der Zumutung, sie selbst könnte der Grund für all die Irritationen und Verwirrungen sein. Worauf ich jedes Mal die nicht ganz leichte Aufgabe habe, ihr zu versichern, dass es keine beunruhigenden Phänomene am Himmel oder Störungen des Heimbetriebs gegeben habe, ohne dabei allerdings auch nur anzudeuten, dass sie nicht mehr imstande ist, die Tageszeiten zu unterscheiden oder die Uhr abzulesen.

Ich könnte auch ganz knapp sagen: Die Arbeit an der Fassade, die meine Mutter seit dem Ausbruch der Demenz vor ihrem Leben aufbaut, geht nach ihrem Umzug ins Altersheim unvermindert weiter. Und da ihr jetzt praktisch alle täglichen Arbeiten und jede Verantwortung abgenommen sind, fließt die frei werdende Kraft vollständig in die Anstrengung, die Gründe für alles, was ihr geschieht, außerhalb ihrer selbst zu suchen und zu finden. Wenn sie die Tageszeiten verwechselt, liegt das eben an unerklärlichen Himmelsphänomenen oder an der Schlampigkeit des Personals. Ihre Rückenschmerzen rühren von einem Defekt am verstellbaren Pflegebett, und was sie nicht mehr findet, das hat man ihr weggenommen. Mit einer Energie, die ich schon wieder bewundern muss, stemmt sie sich gegen alle Einsicht in den eigenen Zustand. Und dabei assistiert ihr die Demenz, indem sie jede eventuelle Wahrnehmung des eigenen Unvermögens im Mahlstrom einer fortschreitenden Vergesslichkeit untergehen lässt. Was schlussendlich dazu führt, dass das Leiden am eigenen Zustand jeden Tag aufs Neue beginnt. Jeder Tag ist ein Fall aus der Selbstverständlichkeit der geistigen Gesundheit, jeder Tag ist ein neuer Sturz in die Depression.

Ich selbst habe mittlerweile die Versuche aufgegeben, meine Mutter aus diesem Kreislauf zu erlösen. Lange, viel zu lange, habe ich gebraucht, um endlich einzusehen, was doch so selbstverständlich ist, dass nämlich ein Mensch ohne Gedächtnis nicht im konventionellen Sinne lernfähig ist. Und erst recht ist er es nicht, wenn er all seine Energie darauf verwendet, bestimmte Einsichten zu vermeiden. Lange ist es mir allerdings nicht einmal gelungen, aus den immer gleichen Abläufen der alten Mutter-Sohn-Beziehung auszubrechen. Und wenn ich ganz ehrlich sein soll, muss ich sagen, dass mir das bis heute nur an sehr guten Tagen gelingt.

Was aber kann ich dann überhaupt für meine Mutter tun?

So einiges. Hilfreich ist es zum Beispiel, die Kommunikation zwischen ihr und dem Pflegepersonal bisweilen ein wenig zu unterstützen. In Krisensituationen schafft es meine Mutter oft nicht, mit dem Personal zu reden. Wenn sie aufgeregt ist, etwa weil sie sich um einen Schmerz sorgt, dann begreift sie nicht, was man ihr antwortet. Oder sie hat, wenn jemand in ihr Zimmer tritt, schon wieder vergessen, warum sie ihn gerufen hat. Dazu kommt, dass sie sich die (allerdings auch häufig wechselnden) Pflegekräfte nicht merken kann und von deren täglichen Schichtwechseln völlig überfordert ist.

In solchen Fällen kann ich zwischen ihr und dem Pflegepersonal ein wenig vermitteln, oder besser: übersetzen. Das heißt, ich frage beim Personal nach, was sich tatsächlich abgespielt, wer was getan oder gesagt hat, und erläutere das dann meiner Mutter so lange, bis sich ihre Aufregung gelegt oder sie deren Anlass vergessen hat.

Noch wichtiger ist es, zwischen ihr und ihren Ärzten zu vermitteln. Auf jede körperliche Störung, jeden Schmerz reagiert meine Mutter höchst besorgt, wenn nicht gar panisch. Das hat mich solange befremdet, bis ich mich endlich an die Empfindungswelt meiner Kinder erinnerte. Fielen die, da sie gerade laufen konnten, auf die Knie, waren sie eine Zeitlang untröstlich; der noch unvertraute Schmerz wurde zum Zentrum ihrer Existenz. Aber allmählich lernten sie, eine kleine Blessur als eine unangenehme, wenngleich erträgliche Begleiterscheinung des Spielens hinzunehmen. Und schon bald wurde eine Schramme am Knie womöglich gar nicht mehr bemerkt, wenn das Spiel keine Ablenkung zuließ.

Meiner Mutter aber kommt mit ihrer Vergangenheit allmählich auch ihr ganzes Körperwissen abhanden. Tatsächlich behauptet sie von jedem Schmerz, ihn zum ersten Mal zu empfinden. Und weil sie kein Körpersignal daraufhin einschätzen kann, ob es von einer harmlosen oder einer ernsthaften Störung rührt, fordert sie leidenschaftlich, dass jeder Schmerz sofort und erfolgreich bekämpft werden müsse. Sie verlangt überdies, dass man ihr jede Maßnahme, und wenn es auch nur die Gabe eines einfachen Schmerzmittels ist, ausführlich erläutert, was sie freilich nie wirklich beruhigt, weil sie alles gleich wieder vergisst.

Die Besuche ihres Hausarztes oder ihre Besuche bei Fachärzten müssen daher gut vorbereitet und am besten von mir begleitet werden. Zusammen mit dem Personal des Heims muss ich zuerst versuchen zu ermitteln, was meiner Mutter wirklich fehlt, um das in den (immer zu kurzen) Gesprächen mit den behandelnden Ärzten möglichst präzise zu formulieren. Zuvor muss ich die Ärzte diskret darauf hinweisen, dass die Antworten meiner Mutter auf Untersuchungsfragen womöglich nicht der Wahrheit entsprechen, nicht weil sie die Ärzte bewusst belügt, sondern weil sie, zumal in der Stresssituation eines Arztbesuches, extrem vergesslich ist.

Wegen dieser Unsicherheit dem eigenen Körper gegenüber orientiert sich meine Mutter stark an dem, was man ihr sagt oder was sie irgendwo hört. Eine schlimme Krise gab es zum Beispiel, als sie nach einer fast schon vollständig auskurierten Gürtelrose von einer Mitbewohnerin gefragt wurde, ob sie denn im Krankenhaus untersucht worden sei. Das sei bei einer Gürtelrose doch unbedingt nötig. Obwohl all dies geschehen war und die Erfolge der Therapie praktisch jeden Tag während der Körperpflege besprochen wurden, löste dieses Gespräch bei meiner Mutter eine furchtbare Panik aus. Sie verlangte, sofort ins Krankenhaus gebracht zu werden. Unsere Versicherungen, dass alles Nötige längst unternommen und die Krankheit beinahe überstanden sei, konnte sie allerdings nirgendwo überprüfen, weder in ihrer Erinnerung noch durch ihr Körpergefühl.

Ein anderes Mal drängte sie auf den Besuch eines Augenarztes, obwohl sie nicht sagen konnte, inwiefern sich ihre Sehfähigkeit verschlechtert hatte. Natürlich verabredete ich dennoch einen Termin. Ihn wahrzunehmen, kostete viel an Aufwand und Nerven, und die Untersuchung erbrachte dann das Ergebnis, dass die aktuelle Brille richtig und ausreichend und also nichts zu unternehmen war. Erst später wurde mir klar, dass der eigentliche Anlass für meine Mutter, den Augenarzt besuchen zu wollen, in dem Umstand lag, dass ich eine neue, stärkere Brille bekommen hatte. Das Bedürfnis war also nicht durch eine konkrete Wahrnehmung, sondern durch eine Art Übertragung entstanden: Wenn mein Sohn eine neue Brille braucht, brauche ich auch eine.

Besonders wichtig ist der Kontakt zum behandelnden Psychiater; allerdings ist meine Rolle dabei besonders heikel. Seit meine Mutter im Heim lebt, wird sie psychiatrisch betreut. Hatte der Hausarzt ihr noch Beruhigungsmittel zur »freien« Anwendung in Notfällen verschrieben, so geschieht ihre Versorgung mit Psychopharmaka jetzt als Teil der täglichen Pflege und ist also vollkommen kontrolliert. Dabei sind die Medikamente, leider, notwendig. Ohne eine dauernde Beruhigung und Stimmungsaufhellung wäre meine Mutter nämlich erwiesenermaßen völlig außerstande, ihren Zustand auch nur einigermaßen zu ertragen.

Ich selbst bin seit meinem letzten großen Joint vor etwa fünfunddreißig Jahren kein Befürworter von Drogen, die über die Wirkung von ein paar Feierabendbieren hinausgehen. Aus meiner Jugend habe ich die Erfahrung mitgenommen, dass Drogen erstens abhängig machen und zweitens die gefährliche Tendenz besitzen, Stimmungen und Gefühle nur zu verstärken, also auch schlechte Stimmungen und unangenehme Gefühle. Dass nun meine Mutter seit Jahren kontinuierlich unter Drogeneinfluss steht, befremdet und beunruhigt mich daher sehr. Und an den Satz, das sei für sie das Beste, werde ich mich nie gewöhnen.

Aber ich habe diesem Satz wenig, ja eigentlich gar nichts entgegenzusetzen. Denn keiner der Versuche, die psychische Verfassung meiner Mutter mit anderen Mitteln dauerhaft zu verbessern, hat bislang Erfolg gehabt. Eine vom Psychiater veranlasste Ergotherapie etwa bewirkte das gerade Gegenteil des Erwünschten. Meine Mutter war durch die Spielangebote der Therapeutin maßlos befremdet. Von Puzzles und Brettspielen fühlte sie sich einerseits überfordert, andererseits erschienen sie ihr kindisch und lächerlich. Bald schon bangte sie den Besuchen der Therapeutin entgegen wie ein Schüler der Klassenarbeit, für die er nicht gelernt hat. Die Therapeutin reagierte meines Erachtens richtig und ermunterte meine Mutter schließlich nur noch zu Spaziergängen oder kleinen Turnübungen.

Ähnlich enden bis heute die meisten Versuche, meine Mutter zum Mitmachen bei den Aktivitäten im Heim zu bewegen. Nur in Ausnahmefällen kann sie an einem Kurs oder an einer Feier teilnehmen, ohne davon über das normale Maß hinaus irritiert zu werden. Spezielle Angebote für Demenzkranke, etwa zum Gedächtnistraining, empfindet sie als albern und würdelos, ebenso die Anleitungen zur Bewegung. Geselligkeiten drohen sie immer zu überfordern. Überhaupt kann es sie schon furchtbar aufregen, wenn das Personal sie freundlich zu irgendetwas einlädt. Sie reagiert dann wie ein kleines Mädchen, das zu spät zur Schule kommt oder seine Hausaufgaben vergessen hat, also mit einer Mischung aus Panik, Scham und Trotz.

So bleiben, als ein Mittel mit Aussicht auf einen gewissen »Erfolg«, nur die Medikamente. Doch nach meiner Erfahrung ist es schwierig, wenn nicht gar unmöglich für den

Psychiater, den Erfolg seiner Verschreibungen auch richtig einzuschätzen. Denn meine Mutter weiß ja gar nicht, dass sie durch eine komplexe Gabe einander möglichst stimmig ergänzender Mittel in die Lage versetzt wird, ihren Zustand zu ertragen, wenn auch mehr schlecht als recht. Und eine Frage wie die, ob sie sich jetzt besser fühle oder ruhiger sei oder erholsamer schlafe als vor einer Woche, kann sie so wenig beantworten wie ich die Frage nach dem genauen Inhalt der Relativitätstheorie. Daher ist es besonders wichtig, mit dem Psychiater in regelmäßigem Austausch zu stehen, einfach um sicherzustellen, dass er die Informationen über den Zustand meiner Mutter, die er braucht, auch tatsächlich bekommt. Natürlich leistet das vor allem das Pflegepersonal, meine Interventionen haben sich allerdings in der Regel als sinnvoll erwiesen.

Doch auch wenn ich mich als »Kommunikationshelfer« meiner Mutter quasi hinter den Kulissen etwas nützlich machen kann, bleiben meine Besuche bei ihr und unsere Gespräche das Zentrum meiner Arbeit zur Verbesserung ihrer Lebensqualität. Aber wie verlaufen diese Besuche? In den allermeisten Fällen so, dass ich, wenngleich höchst widerwillig, die Scharaden mitspiele, in denen meine Mutter sich selbst als unverändert agil und kompetent darstellt. Anders gesagt: Ich bin das Publikum für die tragische Komödie ihrer Unsterblichkeit.

Seit Monaten werden fast alle Akte dieser Komödie von einem Thema beherrscht: Meine Mutter strickt. Das tut sie seit etlichen Jahren, seit sie nicht mehr nähen kann. Ihre dicken Wollsocken waren einmal unübertroffen, Jahre lang habe ich sie im Winter getragen, und nicht nur im Winter. Auf den Hundespaziergängen durch Schnee und Morast hielten sie ebenso warm wie zu Hause. Gelegentlich habe ich sie auch zum Anzug getragen, und das nicht immer aus Versehen, sondern weil ich bei unangenehm formellen Veranstaltungen wenigstens meinen Füßen etwas Geborgenheit verschaffen wollte. Doch Strümpfe kann meine Mutter nicht mehr stricken, sie kann gar nichts mehr stricken, das irgendwie um die Ecke geht, bei dem man daher auf die wechselnde Zahl der Maschen achten, zählen und memorieren muss. Diese Fähigkeiten hat ihr die Krankheit genommen.

Also strickt meine Mutter Schals, einen nach dem anderen, sommers wie winters. Manchmal weiß sie gar nicht mehr, was sie da macht; dann muss ich ihr wieder möglichst behutsam erklären, was ein Schal überhaupt ist. Sie hört mir dabei zu, ist aber skeptisch. Was versteht so ein Junge schon von Kleidung und Mode! Also lege ich mir den unfertigen Schal samt Stricknadeln und anhängendem Wollknäuel um den Hals, gehe ein paar Schritte auf und ab, drapiere und binde den Schal auf eine andere Weise, und schließlich reden wir über den Schal. Es sind freilich einseitige Gespräche. Wie vor ein paar Jahren am Telefon hält meine Mutter vielmehr lange Monologe, jetzt über die Machart des Schals, über die Qualität der Wolle, über besondere Probleme, die ihr beim Stricken begegnet sind, und über die Tricks, mit denen sie sie gelöst hat. Ich höre zu, sage ja ja oder mache erstaunte Geräusche. Und selbst wenn ich mir nicht die allergrößte Mühe gebe, dieses Spiel mitzuspielen, ist es doch für meine Mutter gelungen.

Denn dann ist sie wieder die, die sich nützlich macht, und das auf eine besondere Art und Weise. Sie ist wieder die Schneiderin, die ihre Kundin mit einem gelungenen Teil überrascht und es dabei nicht versäumt, das Lob, das sie sich ehrlich verdient hat, vollständig einzusammeln. Dass jetzt nicht mehr ein fesches Cocktailkleid mit selbst genähten Spaghettiträgern oder ein elegantes Kostüm mit einer perfekten Wiener Naht vor uns auf dem Tisch liegt, sondern ein Schal, wie ihn kleine Mädchen im Handarbeitsunterricht stricken, ein Teil also, über das meine Mutter früher nur gelacht hätte, das weiß sie nicht. Oder sie kann es aushalten, ohne daran zu leiden. Egal, in jedem Fall bewirkt das Schneiderinnen-Gespräch, dass der Mensch, der sie ist, und der, der sie einmal war und immer noch sein will, ein paar glückliche Minuten lang nicht mehr durch ein Dickicht von Irritationen getrennt sind.

Allerdings muss ich zugeben, dass mich das Schal-Spiel nervt. Denn wie alles, was sich heute zwischen mir und meiner Mutter abspielt, ist es ja nicht allein durch ihre Demenz veranlasst und geprägt; vielmehr hat es Wurzeln in unserer gemeinsamen Vergangenheit. Wir spielen hier also nicht irgendein Spiel, sondern unser ureigenes, fast sechzig Jahre altes Mutter-Sohn-Spiel. Und meine Rolle darin war mir durchaus nicht immer angenehm. So mochte ich es als Junge überhaupt nicht, bei Anproben wie eine Kleiderpuppe in der Küche zu stehen, während meine Mutter mit Hingabe an mir arbeitete, aber eben nicht an mir, sondern an einer Oberfläche, über die sie bestimmte. Noch auf dem Klassenfoto der Sexta trage ich selbst genähte Sachen, die meine Söhne zu Recht uncool nennen würden: eine kurze Stoffhose und ein Oberteil mit falschen Brusttaschen, für die ich mich schämte, ganz zu schweigen von den weißen Kniestrümpfen. Wahrscheinlich hätte ich damals nicht sagen können, dass ich mich kostümiert fühlte. Kinder nehmen alles, was ist, zuerst einmal für selbstverständlich und unveränderbar, auch das Unangenehme. Aber ich weiß noch gut, wie froh ich war, als meine Mutter davor kapitulierte, für einen erwachsen werdenden Jungen zu schneidern. Die Besuche in Modegeschäften empfand ich, obwohl sie natürlich unter ihrer Ägide standen, als eine Befreiung.

Jahrzehnte später ist mir das Posieren mit den Schals daher eine Qual, die sich aus tiefen Brunnen speist und die ich manchmal nur schwer ertragen kann. So wie früher die Mutter unwidersprochen über den kleinen Sohn und seinen Körper bestimmte, so tut das jetzt die alte Frau, deren Demenz jeden Widerstand und jede Verweigerung zu einer fruchtlosen, ja lächerlichen Geste macht. Also spielen wir bei praktisch jedem meiner Besuche wieder Mutter und Kind, Schneiderin und Kunde, beziehungsweise Kleiderpuppe. Und auf dem Weg nach Hause muss ich mir dann jedes Mal wieder klarmachen, dass ich wahrscheinlich nichts Besseres für meine Mutter tun kann, als dieses Normalitäts-Spiel so lange und ergeben wie möglich mitzuspielen.

Übrigens haben wir bei diesen Simulationen von Normalität ganz unerwartet Unterstützung bekommen. Seit meine Mutter im Altersheim lebt, erhält sie etwa einmal in der Woche Besuch von Dorothea, einer pensionierten Lehrerin, die ehrenamtlich einige Bewohner des Heims betreut. Mit dieser Frau, die sich sehr intelligent und höchst einfühlsam verhält, führt meine Mutter die Beziehung fort, die sie früher zu ihren Bekannten und ihren Hilfskräften unterhalten hatte. Das heißt, sie spricht mit ihr über ihre Lieblingsthemen und beschäftigt sie mit kleinen Aufräumarbeiten oder Einkäufen, vornehmlich ihre Wäsche und Bekleidung betreffend. Dabei geht es natürlich weniger darum, konkrete Probleme ihres auf ein absolutes Minimum zusammengeschrumpften Haushalts zu lösen. Viel wichtiger ist es, für eine oder zwei Stunden jene Atmosphäre zu schaffen, jene Hausfrauen-Welt auferstehen zu lassen, in die sich meine Mutter schon vor Jahrzehnten am liebsten zurückzog. Wenn sie jetzt zusammen mit Dorothea eine Schublade aufräumt oder einen kleinen Gegenstand im Zimmer umsetzt, verschafft ihr das große Befriedigung;

zudem liefert es ihr Geschichten, die sie beherrschen und manchmal sogar Tage lang erinnern kann.

Dabei ist Dorothea nicht nur ein willfähriger Statist. Sie kann auch durchaus bestimmt sein, wenn es etwa darum geht, den aus Angst und Unsicherheit geborenen Fantasien meiner Mutter zu widersprechen. Ich vermute, dass Dorothea in mancher Beziehung mehr Einfluss, mehr positiven Einfluss, auf meine Mutter hat als ich selbst. Schließlich kann meine Mutter sie als erwachsene und kompetente Frau viel besser akzeptieren als mich, den ewigen Sohn, zumal wenn es um ihre Lieblingsthemen geht. Ich bin Dorothea äußerst dankbar für ihr Engagement; und ich hoffe, ich habe wenigstens etwas von ihr gelernt.

Allerdings bin ich immer noch weit davon entfernt, die Übung in Demut, die der Umgang mit meiner demenzkranken Mutter bedeutet, stets perfekt zu absolvieren. Besser gesagt, innerlich stehe ich meistens quer. Schließlich muss ich beim Zusammensein mit ihr all das weitgehend aufgeben, worauf ich immer so stolz war: klaren Verstand, gedankliche und sprachliche Genauigkeit, die Kenntnis von Welt und Dingen. Was mich einmal durch Schule und Studium ins Leben getragen hat, nutzt mir im Altenheimzimmer meiner Mutter nicht nur nichts, es ist dort sogar störend und peinlich. Hier muss ich einfach und schlicht sein, bis hin zum beflissenen Akzeptieren irgendwelchen Unsinns. Permanent muss ich, um des lieben Friedens willen, Fünfe gerade sein lassen. Das einzig noch sinnvolle Element von Rhetorik ist die dauernde Wiederholung von allem und jedem, die freilich ohne genervten Ausdruck oder Unterton zu geschehen hat, um meine Mutter nicht zu verletzen. Und schließlich kommen fast alle meine Kenntnisse bei meiner Mutter nur als ein unbotmäßiges Besserwissen an, als die Altklugkeit eines kleinen Jungen, dem sie grundsätzlich misstraut.

Es hat mich eine lange Zeit gekostet zu begreifen (und Begreifen heißt noch nicht Beherzigen), dass ich im Umgang mit meiner Mutter am besten so agiere wie früher im Umgang mit meinen Kindern. Dazu gehört auch, dass ich nach Möglichkeit von der Fähigkeit eines Erwachsenen Gebrauch mache, Stimmung und Atmosphäre der Gespräche mit Kindern von vornherein zu beeinflussen. Bei den Lesungen aus meinen Kinderbüchern vor Schulklassen habe ich immer wieder die Erfahrung gemacht, wie sehr man Kinder in eine Stimmung hineinziehen kann. Tatsächlich hängt der »Erfolg« von Schullesungen in einem hohen Maße davon ab, wie sehr man es schafft, dem Text eine atmosphärische Präsenz zu geben. Anders als vor erwachsenen Lesern, die man mit der Interpretation oder Orchestrierung des eigenen Textes nicht überrumpeln oder überwölben sollte, darf man Kindern emotionale Angebote machen. Wenn sie denen dann folgen, ist das noch keine Bevormundung, sondern eine sinnvolle Hilfestellung.

An guten Tagen gelingen mir solche Angebote auch beim Zusammensein mit meiner Mutter. Dann trete ich schon mit einem fröhlichen Ausruf ins Zimmer, auch wenn sie mich eben noch angerufen hat, weil wieder etwas Katastrophales passiert ist. Ich beginne gleich von etwas Einfachem, leicht Verständlichem zu erzählen, am besten von einer Hausarbeit, einer Reparatur, einem Anstrich, vom Pflanzen eines Busches im Garten oder vom Waschen der Gardinen. So bewege ich meine Mutter dazu, mir über diese ihr bekannten Wege zu folgen. Sie kann dann mehr oder weniger sinnvolle Fragen stellen oder gleich ihre belehrenden Vorträge an den Sohn halten. Mit schlechtem Gewissen, aber durch den Erfolg dazu verführt, erfinde ich immer häufiger solche Themen. Ich bin dann wenigstens nicht bloß der Mitspieler bei ihren Scharaden, sondern der Agent ihrer Fassadenwirklichkeit. Ich liefere die Themen, in denen sie sich noch auskennt, die sie aber von sich aus gar nicht mehr aufbringen kann. Denn schließlich geht es ja nicht um Kommunikation im Sinne eines Austauschs wichtiger Informationen, sondern nur um das Eine, das Schwierigste: um Trost.

Doch wie alles, so garantiert auch diese Strategie keineswegs den Erfolg. Sie kann sogar zum Gegenteil des Erwünschten führen. Ein Beispiel: Ich hatte begonnen, die Fotoalben meiner Eltern und ihre Sammlung von Dias zu digitalisieren. So konnte ich meiner Mutter die alten Fotos, die zum Teil in einem winzigen Format abgezogen waren, in gewaltiger Vergrößerung auf dem Bildschirm meines Laptops zeigen. Das Ergebnis war frappierend. Noch kurz zuvor hatte sie mich nach dem Aufenthalt längst verstorbener Familienmitglieder gefragt und dabei offenbart, dass sie nicht mehr wusste, wer ihre Geschwister waren. Doch jetzt, angesichts der Bilder, konnte sie ausführlich und vollkommen korrekt über die Personen auf den Fotos sprechen, sogar über die Orte und Umstände der Aufnahmen.

Anfangs schien es mir, als wären die Fotos verloren gegangene Passwörter zu Erinnerungen, die nun wieder zur Verfügung standen. Doch bei Nachfragen ergaben sich wieder Irritationen. Jetzt glaube ich eher, dass diese Erinnerungen nicht frei verfügbares Material, sondern in sich geschlossene, quasi selbstgenügsame, nicht zu hinterfragende Texte sind, vor Jahren einmal zu den Fotos verfasst und dann bei jeder neuen Betrachtung stereotyp wiederholt. Erweitern lassen sich diese Texte nicht, auch nicht mit anderen verknüpfen; und ihre Inhalte fließen auch nicht in einen dauernd zugänglichen Erinnerungsraum.

Wie dem auch sei, auf die Begeisterung meiner Mutter beim Anschauen der Fotos und beim Reden darüber folgten mehrmals eine gefährliche Erschöpfung und eine Depression. Vielleicht waren die Fotos eine Überdosis an Erinnerung an ihre gesunde Zeit, woraufhin die Verwirrung darüber, warum das alles vorbei und es heute so anders ist, sich nur weiter steigerte. Meine Mutter träumte dann schlecht und verwechselte tagelang ihre Träume mit der Wirklichkeit. Ich habe mich schließlich nicht mehr getraut, mit ihr Bilder zu schauen, aus Angst, ihren Zustand zu verschlimmern. Ein paar Alben liegen noch immer neben meinem Schreibtisch und warten auf die Digitalisierung.

Dabei hatte das gemeinsame Anschauen alter Fotos nicht nur auf meine Mutter, sondern auch auf mich recht ambivalent gewirkt. Schließlich hieß es mitanzusehen, wie der Mensch, der sich so viele Jahre lang erheblich besser an meine frühe Kindheit erinnert hatte als ich selbst, diese Erinnerung jetzt bereits zu Lebzeiten verlor. Die Texte zu den Fotos, die meine Mutter wieder hersagte, kannte ich allesamt vom früheren Durchblättern der Alben. Und meine Nachfragen erwiesen nur immer, dass das Leben und die Geschichten zwischen diesen Momentaufnahmen verloren gingen, Stück für Stück, unwiederbringlich.

Kurz gesagt: Was nicht fotografiert ist, kann nicht mehr abgerufen werden. Ich kann meine Mutter nicht nach einer Krankheit meines Vaters fragen, die ich mit einiger Sicherheit von ihm geerbt habe, nicht nach Ereignissen aus meiner frühen Schulzeit, nicht nach meinen damaligen Hobbys und Abneigungen, nicht nach den Krisen in meiner Pubertät. Mit dem Gedächtnis meiner Mutter schwindet so ein Teil meines eigenen Lebens. Nun ist es normal, dass Menschen alt werden, schließlich sterben und ihre Erinnerungen mit sich nehmen. Doch wenn das so langsam und jeden Tag aufs Neue geschieht, wenn sich der Verlust der Erinnerung nicht im Tod, sondern schon zu Lebzeiten vollzieht, ist das wie eine Wunde, die immer wieder aufreißt. Ich bin heute derjenige, der meine Mutter daran erinnern muss, wo und wie wir gelebt haben und wer wir waren. Das empfinde ich als falsch und quälend.

Aber nicht nur die Vergangenheit wird im Zusammensein mit meiner Mutter immer wieder vernichtet, das gilt auch für Gegenwärtiges und Aktuelles. Irgendetwas zu besprechen, gar einen Termin zu vereinbaren, heißt alles permanent zu wiederholen, manchmal im Abstand von weniger als einer Minute. Auch, wo ihre Enkel leben, was sie studieren, dass meine Frau berufstätig ist, muss ständig wiederholt werden. Und diese Wiederholungen gelingen mir nicht immer als beiläufige Routineübungen. Denn das Vergessen ist keine unbedeutende Fehlleistung wie das Umstoßen eines Glases bei Tisch. Nein, das Vergessen ist ein Affront.

Tatsächlich sind auch geistig gesunde Menschen in ihrem Alltag dauernd mit der eigenen Vergesslichkeit und der anderer konfrontiert. Man kann sich nun einmal nicht alles merken. Doch besonders bei anderen toleriert man das Vergessen nur bis zu einem gewissen Grad. Hat der andere etwas vergessen, kommt schnell der Verdacht auf, die Sache sei ihm nicht so wichtig gewesen oder er habe sie verdrängt. Aus der kritischen Selbstbetrachtung weiß man, dass das oft so der Fall ist. Die Geburtstage von ungeliebten Verwandten vergisst man erheblich eher als den der Freundin, einen unangenehmen Arztbesuch eher als ein Rendezvous. Auf das Vergessen der anderen mit Vorwürfen zu reagieren, ist daher ein Teil der üblichen und weitgehend akzeptierten Sozialkontrolle. Wer etwas Wichtiges vergisst, muss die Folgen tragen. Vergessen ist keine Privatsache. Wir ermahnen und trainieren uns gewissermaßen gegenseitig, für wichtig zu nehmen, was anderen wichtig ist, und es im Kopf zu behalten. Ein geistig Gesunder, der immer wieder vergisst, was seine Mitmenschen betrifft, läuft Gefahr, als borniert oder arrogant zu gelten.

Nun ist meine Mutter weder das eine noch das andere, vielmehr löscht die Demenz fast jede Datei, die in ihrem Kopf angelegt worden ist, die neueren noch schneller als die alten. Das weiß ich natürlich. Aber an der Wirkung ihrer Vergesslichkeit ändert das nichts. Ich weiß, ich darf mich nicht ärgern, ich darf nicht beleidigt sein; aber ich ärgere mich und fühle mich beleidigt.

Wenn ich mit meiner Mutter rede und dabei immer tunlichst ihre Absicht unterstütze, sich selbst als kompetent und fit darzustellen, zwinge ich mich, ihre Vergesslichkeit ohne Hinter- oder Nebengedanken zu akzeptieren. Im Minutenrhythmus wiederhole ich also Namen, Zeiten, Vorgänge und Umstände, möglichst ohne mir diese Wiederholungen als solche anmerken zu lassen; und während ich das tue, muss ich jedes Nachdenken darüber verbannen. Ich darf nicht beleidigt sein, wenn meine Mutter irgendein kleines Detail aus ihrem Alltag gerade erinnert, während sie die Namen ihrer Enkel schon wieder vergessen hat. Oft sind die Gespräche mit ihr eine schlechte Parodie auf die Dialoge im Absurden Theater. Und an mir ist es zu glauben, dass sie keinerlei tiefere Bedeutung haben.

Das gelingt mir allerdings nicht immer, und ich glaube, damit nicht alleine zu stehen. Rede ich mit anderen Angehörigen von Demenzkranken, kommt immer wieder die Frage auf, ob deren geistige Veränderungen einzig und allein einer Krankheit geschuldet sind, die wahllos Teile des Bewusstseins zerstört, oder ob unter dem Einfluss der Demenz womöglich Charaktereigenschaften zutage treten, die immer schon existierten, aber hinter Konventionen verborgen blieben. Vergisst meine Mutter, was die Demenz gerade zufällig auslöscht, oder vergisst sie, was ihr niemals wichtig war? Knapp gesagt: Ist die Demenz blind, oder legt sie gar, Schicht für Schicht, den »Kern« der Persönlichkeit frei?

Das ist eine äußerst heikle Frage, die den Umgang mit demenzkranken Angehörigen auf eine schlimme Art und Weise überschatten kann. Denn so gesellen sich zu den alltäglichen Problemen immer wieder Vermutungen und Unterstellungen, die das Miteinander noch weiter belasten. Auch mich treibt diese Frage um, wie sehr ich auch versuche, sie zu bannen. Vor allem der Umstand, dass meine Mutter kaum noch Anteil am Leben ihrer beiden Enkel nimmt, bringt mich immer wieder auf. Sie hat die beiden kennengelernt, da sie gerade siebzig war und noch gerne für sechzig gehalten wurde; bei Ausbruch ihrer Krankheit waren die beiden bereits fast erwachsene Leute. Dennoch existieren sie in ihrem Bewusstsein offenbar nur noch als vage Schemen. Versuche ich, beim Konversation-Machen aus ihrem (momentan recht bewegten) Leben zu berichten, stellt meine Mutter allenfalls eine pflichtschuldig wirkende Nachfrage, um dann sofort zu einem ihrer sicheren Themen zu wechseln. Schon reden wir wieder übers Stricken. Oder über die Bluse, die ich zur Reinigung bringen soll.

Mich kränkt das beständig. Ich weiß, ein solches Verhalten wird ganz und gar der Krankheit geschuldet sein. Das Bewusstsein meiner Mutter agiert eben nur noch in einem sehr engen Kreis um ihre Person und ihre Gegenwart. Basta! Was junge Männer in chinesischen Universitäten oder bolivianischen Krankenhäusern erleben, kann es sich nicht vorstellen, es kann auch keine noch so anschaulichen Berichte darüber aufnehmen und verarbeiten, geschweige denn dauerhaft speichern. Es geht einfach über den arg beschädigten Verstand. Außerdem kennt so ein Phänomen doch jeder. Auch ich verstehe nur Bahnhof, wenn meine Söhne chinesisch sprechen oder über Biochemie reden.

Und dennoch bleibt die Kränkung durch das Vergessen. Es gibt Therapien, in denen Menschen grundlos lachen sollen, weil das die Stimmung hebe. Aus der Wirkung soll die Ursache erwachsen. Ähnlich kränkt mich das Vergessen meiner Mutter, weil ich dahinter doch immer ein Desinteresse empfinde. Wieder und wieder erkläre ich ihr aufs Neue etwas, das uns doch beiden ganz nah am Herzen liegen sollte. Vergeblich. Und jedes Mal sage ich mir dann, dass ihre Beziehung zu ihren Enkeln durch die Demenz so beschädigt ist wie ein Kniegelenk durch eine Arthrose. Doch nie tröstet mich das. Innerlich aufgebracht, mit unterdrückter Wut, lasse ich das Gespräch vielmehr zu den Scharaden zurückkehren, zum Reden über Wolle und Stricken, zu der Bluse, die in die Reinigung soll. Wieder bin ich gescheitert wie der Junge, der seine Mutter für seine Interessen begeistern wollte, aber kaum einen Satz herausbekam, bevor sie abrupt das Thema wechselte.

Seit Jahren wehre ich mich gegen eine »Psychologisierung« der Demenz meiner Mutter. Aber manchmal, nein, viel zu oft bin ich zu schwach dazu. Dann gelingt es mir nicht, sie ausschließlich als den erkrankten Menschen zu sehen, der unserer und besonders meiner Hilfe und Nachsicht bedarf. Im Gegenteil, dann pickt sich etwas in mir aus ihrem Verhalten und ihrem Reden genau das heraus, was immer schon, im Negativen, zu unserer Beziehung passte: Missverstehen, Desinteresse, fehlende Empathie. Statt die Vergangenheit auf sich beruhen zu lassen und voraussetzungslos die Aufgaben der Gegenwart anzugehen, lasse ich die Besuche bei meiner Mutter dann zu Reisen in meine Kindheit werden. Und da ist es nun wirklich kein Wunder, wenn diese Kindheit mit jedem Besuch unglück-

licher wird, wahrscheinlich sehr viel unglücklicher, als sie
tatsächlich war.

So enden auch viele Besuche nicht mit einem Aufbruch,
sondern mit einem Fluchtversuch. Denn wieder einmal ist
es mir nicht gelungen, den Zustand meiner Mutter wenigstens für eine gewisse Dauer zu stabilisieren, geschweige denn ihn erkennbar zu verbessern. Stattdessen hat sie
mir eine Stunde lang ihr Leid geklagt, hat völlig unrea-
listische Vorschläge zur Verbesserung ihrer Lage gemacht
oder solche Vorschläge von mir verlangt. Aber ich habe ihr
nicht ankündigen können, dass sie demnächst wieder in
eine eigene, größere Wohnung ziehen kann. Ich habe ihr
nicht einmal versprechen können, dass wir demnächst einen Bummel durch die Modegeschäfte machen, denn im
Gegensatz zu ihr weiß ich noch, wie sehr sie der letzte Versuch überfordert hat. Also will ich weg vom Ort meiner
neuerlichen Niederlage.

Doch kaum bin ich an der Tür, ruft mich meine Mutter
zurück. Allerdings nicht mit der Bitte, einfach noch zu bleiben, etwas zu erzählen, vielleicht doch noch von den Enkeln zu berichten. Stattdessen will sie das zuvor mehrmals
Besprochene noch einmal besprechen, etwas längst Geklär-
tes endlich klären oder mich zu bereits erledigten Aufträgen
losschicken. Ich kehre also um und setze mich wieder hin.
Der Besuch beginnt, wie der Heilige Abend in Heinrich
Bölls Groteske »Nicht nur zur Weihnachtszeit«, einfach
wieder von vorne. Alles wird wiederholt, wieder scheitere
ich mit meinen unzureichenden Versuchen, etwas Wesentliches zur Sprache zu bringen, wieder kann ich die Wünsche
meiner Mutter nicht erfüllen. Schließlich probiere ich den
Schal noch einmal an; und wenn ich dann endlich gehe, ist
es vollends eine Flucht, für die ich mich schäme.

Schluss

Ich schließe jetzt. Das mag ein wenig abrupt erscheinen; die Geschichte wird ja noch weitergehen. Das heißt, meine Mutter wird noch weiter in die Demenz gleiten, das ist zumindest sehr wahrscheinlich. Vielleicht wird sie mich schon zum nächsten Weihnachtsfest nicht mehr erkennen, vielleicht wird sie irgendwann hinüber treten in ein eigenes Reich, in das ihr niemand mehr folgen kann.

Aber genau das will ich nicht abwarten. Ich habe hier die Geschichte einer schwierigen Beziehung aufgeschrieben, die Geschichte einer Überforderung durch die Umstände der Krankheit. Und ich denke, ich schulde es mir und meiner Mutter, diese Geschichte abzuschließen, da wir beide noch als wir selbst anwesend sind, mit unseren Veränderungen und Beschädigungen, doch ohne dass jemand von uns sich vollständig von seiner Person und seiner Geschichte verabschiedet hätte. Irgendwann wird aus dieser doppelten Lebensgeschichte vermutlich eine reine Krankengeschichte werden; und ich finde, die sollte unter uns bleiben.

Es widerstrebt mir auch, ein ausführliches Resümee zu ziehen. Das traue ich mir nicht zu. Denn die Jahre seit dem Ausbruch der Demenz meiner Mutter waren auf meiner Seite vor allem von Überforderung, Missverstehen und Scheitern geprägt. Wenn ich irgendwo etwas verbessern konnte, sorgte die Demenz rasch dafür, dass sich anderswo etwas verschlechterte. Vielleicht habe ich mittlerweile gelernt, die Krankheit meiner Mutter etwas besser zu verstehen; ob ich auch besser damit umgehen, ob ich ihr gar Trost spenden kann, das weiß ich nicht. Sicher ist hingegen, dass wahrscheinlich jede neue Entwicklung mich zuerst wieder überfordern wird. Was etwa geschieht, wenn meine Mutter mich einmal nicht mehr erkennen sollte, weiß ich nicht. Ich weiß nur, dass ich mich darauf wie auf vieles nicht werde vorbereiten können.

Ich bin mir auch nicht sicher, ob ich in den Jahren gelernt habe, mich und meine Familie besser vor den Auswirkungen der Demenz zu schützen. Die Demenz wirkt wie eine ansteckende Krankheit, gegen die zumindest ich mich nicht dauerhaft und wirkungsvoll immunisieren kann. Mir ist manchmal, als hätte ich mich bei jemandem, der Masern hat, mit Scharlach infiziert. Immer aufs Neue werde ich erschüttert von den Veränderungen meiner Mutter. Ich bin für sie zum wichtigsten Ansprechpartner und zugleich zur Quelle vielen Übels geworden, eine Rolle, die mich täglich neu und täglich anders fordert. Wenn zudem unsere eingefrorene Familiengeschichte aus dem Eis geholt und reanimiert wird, so weckt das eine ganz eigene Problematik. Noch vor ein paar Jahren wusste ich gar nicht, wie fest ich den Deckel auf die Büchse meiner Kindheit gedrückt hatte. Jetzt steht sie wieder offen, und was dort sicher verwahrt sein sollte, begleitet mich nicht nur, wenn ich meine Mutter im Altersheim besuche, sondern ungefragt andauernd, Tag für Tag.

Ich hatte eingangs gesagt, dass ich keinen Ratgeber schreiben wollte; und ich denke, daran habe ich mich gehalten. Jede Demenzgeschichte ist anders, schon daher ist es vielleicht müßig, aus den eigenen Erfahrungen konkrete

Ratschläge destillieren zu wollen. Andererseits haben sicherlich viele Demenzgeschichten einen ähnlichen Kern. So könnte es sein, dass meine Leserinnen und Leser Beziehungen herstellen zwischen ihrer Geschichte und meiner, ihren Erfahrungen und meinen. Und vielleicht kann das fruchtbar sein.

Mein Hauptanliegen aber war, ich habe es eingangs gesagt, möglichst genau zu sein. Indem ich dieses Buch geschrieben habe, bin ich für ein paar Hundert Schreib- und Korrekturstunden aus den Wünschen und Rettungsplänen, den Widersprüchen, Irritationen und Verzweiflungen und vor allem aus dem dauernden Scheitern aufgetaucht in das, was die Arbeit an einem Text immerhin versprechen kann: Zusammenhang, Genauigkeit und Klarheit.

Vor fünfzehn Jahren habe ich die Biographie des Unternehmers Walter Lindenmaier geschrieben. Er sagte damals, mit dem Buch habe sich seine Erinnerung in einen Text verwandelt, und mit diesem Text lebe er wesentlich besser als mit der Erinnerung selbst. Ich glaube, so weit geht die Metamorphose in meinem Falle nicht, zumal die Demenzgeschichte meiner Mutter noch nicht zu Ende ist. Aber ich habe Walter Lindenmaier gut verstanden. Es ist eine große Hoffnung damit verbunden, zumindest Vorschläge zu einer Ordnung des Chaotischen und Verwirrten zu machen. Das habe ich hiermit versucht.